AF200727

Imperfect Memories

G. Michael Eisenstadt

A young boy's story of escape from the Holocaust

With a German translation by Rudolf Schröder,
Elise Schröder, Katharina Horst, Juliane Schröder,
Enno Arkona, Marleen Arkona, Monika Schröder,
Irina Horst & Erika Krause

Herstellung und Verlag (manufacturing and publishing):
BoD – Books on Demand, Norderstedt

ISBN 978-3-7460-1510-1

Dedicated to Isidor and Edith for their courage, sacrifice, and ultimate love.

Childhood Fantasies

The railroad station in Danzig was the kind found in many north-central European cities before World War II. The main building had a tower with clock faces on each of its four sides, supporting a steep spire. Together the tower and spire stuck out to a great height in the low skyline, and were landmarks in the old Hanseatic city. To me, the station looked old, imposing and rooted in the past. I was about four years old when I saw it for the first time in the early 1930's, and everything was different then. Actually, the station was not old, it only looked that way to me. It was built during the last half of the 19th century in a pseudo gothic style, with vaulted ceilings and huge cathedral windows. The building material was a distinctive dark red brick, typical of the region, and it was one of the three largest buildings in Danzig, along with the city hall, and St. Mary's church. Inside the station there was a large central hall with a restaurant on the right that permeated the interior of the building with the smell of fried food. It was the only place in the city where there were foreign newspapers and magazines for sale, mainly as a convenience for travelers who came to Danzig by rail from far away places like Berlin, Rome, London, Paris and Vienna, but also for the few, that included my father, who were interested in events taking place outside of the old Hanseatic city. In my young eyes the station was a connection to the rest of the world.

Every time my father took me with him into the station, I felt transported into another world. The station was almost exotic, with a bustling atmosphere of people coming and going, waiters rushing to serve drinks and meals before trains departed, and locomotives steaming in and out, with whistles from dispatchers, and loud hoots from the steam engines announcing arrivals and departures. This was a place where things seemed to be moving fast, totally unlike the slow, tradition-steeped, ancient city.

It was the most exciting place in Danzig for me. My father often took me with him when he wanted to buy one of those foreign newspapers, or Players cigarettes from England. He was only an occasional smoker, and it was a great pleasure for him to buy Players cigarettes, not only because he liked them, but also because each Players cigarette box had a picture of a warship in it from Great Britain and other countries, which Erich, my brother, and I collected. Somehow, we even were able to get the album from Players into which all those pictures of warships could be pasted. It was my father who sent for it after we asked him to do that, so that we could organize all the pictures we had collected.

One of the characteristics of Danzig was that a lot of people sat in cafes, having a morning, or an afternoon, cup of coffee, and a piece of rich, creamy cake, or they stood in conversation in the street with a friend or acquaintance. There were only a few cars, mostly black taxis, with a black and white checkered stripe encircling the body of the car, but they seemed no faster then the trams. There were fewer trucks, no traffic lights, some bicycles, and many horse drawn wagons. But the railroad station was different. It contrasted sharply with the predictable, and stiff formal ways of the small, venerable town that considered its place firmly anchored in history; a history I was exposed to proudly at home, even before I began school, and when I began school, from the very beginning of my first year.

Reminiscence

During the early 1930's Danzig was as it had always been; proper and correct in its ways. Whatever danger there was, my parents believed, could be controlled and was not an imminent threat to us as Jews. They did a very good job of keeping my brother's and my outlook very positive as to the future, while at the same time, guiding us to recognize dangers that we might encounter in our daily lives. But young boys need more than just the routine of the day. Often they have concerns not shared by adults. They might fantasize a bit, and don't really understand the dangers that can be around them until coming face to face with them. For me, sometimes it was the fantasy connected to the railroad station. It looked so old and imposing, just like the burghers, and it had predictability about it because it was built to last. To last, just like the staid old gentlemen in their stiff collars, or the ladies in their proper dresses, who seemed as if they would always be there. For an impressionistic boy the station was one of the few places in that placid town that had some mystery and excitement attached to it. When I was in the station it seemed as if the rest of the world did not exist. I felt that it was something like the port must have been in a previous age, when there were many merchant vessels that sailed to distant and exotic places and brought back rare spices and silks. For me, the trains that left the station for the glittering capitals of Europe were just like the old sailing ships. They came back with people speaking English, French, and Italian who looked, and dressed differently, and who had different ways of doing things. In the mind of a boy, contemporary London, Paris and Rome were endowed with the same qualities as the cities, and countries, that were visited by those old sailing ships. The trains that came into the station with their great puffs of steam, and loud hoots allowed the imagination to roam and to soar. For a provincial boy in a predictable, practical town, it was a place for dreaming.

That was a different time when I dreamt those dreams of far away cities. During those more tranquil years, I often hoped that one day I would be on one of those trains on my way to a wonderful and far away place. There was always the excitement of anticipation when my parents, and I, went into the station. Perhaps that day, I would leave on one of those sleek looking express trains, perhaps one that roared through our little suburban station, and then disappeared in the distance without ever stopping or slowing down. It was a wonderful fantasy. But that is not how it turned out. When it was time to take my train, my station, and my hometown was a place of tears.

An Informal Short History Of Danzig

Danzig became a commercial city at an early stage of its development. From the middle of the 14th Century, Danzig was a member of the Hanseatic League, an important commercial union of independent city states along the North Sea and Baltic coasts from Holland to Russia. Danzig was the largest city within the League, and became one of two leading shipbuilding centers. That probably gave it status as the most important North European trading and commercial center on the Baltic Sea. But by the middle of the 18th Century, with the rise of nation states and the subsequent diminishing importance of independent city states, Danzig lost its commercial prowess. It remained a seaport, transshipping grain, timber, and herring to other countries, but the Hanseatic League lost its political importance, and the city became increasingly provincial. During the time that I lived in Danzig, there was only one shipyard left, the Schichau yard[1], which then built only relatively small ships.

In fact, the name, 'Free City' of Danzig, was an anachronism. It seemed to recall the period when there were many independent city states in the Hanseatic League, and in the rest of Europe. The word "Free" in the city's name was placed there by the League of Nations after World War I in order to show that Danzig belonged neither to Poland, nor to Germany. It was obvious that the victorious World War I allies created it as an independent city-state because it had a German urban population, and a much smaller surrounding Polish rural population; and both Germany and Poland wanted it within their national borders. Since Germany lost the war they did not get control;

neither did the Poles, probably because Poland did not exist as a sovereign state before World War I, and was not represented as a victorious ally at the Versailles Peace Conference. Another factor that led to the creation of the mini-state was that Danzig's population was over 90% German, and the peacemakers in Versailles apparently did not want to place a large German population under Polish control. The result was that neither Germany, or Poland, were given Danzig, and the treaty writers, who were firmly rooted in the 19th century, went backwards in time, to a period when there were many small city states in central Europe, and made Danzig into a nominally independent city state. That was a political compromise doomed to failure.

Danzig received limited sovereignty, with Poland authorized to take care of foreign policy, which in effect meant that they issued visas for people who wanted to visit Danzig, and obtained visas for Danzig citizens from foreign countries that did not have a consulate in the city. Poland was also allowed to operate the railroad in Danzig, tied to the Polish rail net. The third concession to Poland was that they were given authority by the League of Nations to have their own post office for mail to Poland.

There remained a strong tie to Germany, as well. The language of the city remained German and the laws of the Free City came from the German model. In practice, that left Danzig culturally tied to Germany, but surrounded by Poland and, at least partially tied to Poland economically and politically. As a result, Danzig was free in name only, but in reality controlled by forces from outside its borders. To make absolutely certain that Danzig had no real sovereignty, the League of Nations assigned a resident High

Commissioner to the city, to monitor events, ostensibly so that there would be no attempt by either Poland or Germany to try to exert too much influence, or incorporate the Free City into their national borders, but in fact underlining the reality that Danzig had no real sovereignty. The creation of such a political anachronism had a dulling effect on Danzig's economy by effectively inhibiting growth, probably because outside investors had little confidence that the League of Nations solution would last, and because after 1920, when Danzig dock workers refused to unload munitions destined for the Polish army's campaign against the new Soviet army, Poland was convinced that it needed a port in Poland proper, and Gdynia, about 40 miles west of Danzig, was eventually developed as Poland's main port. As a result, Danzig stagnated even more rapidly, further depressing the city's economy.

Worse still, after 1933, Germany infiltrated Danzig politically with the Nazi Party, eventually controlling the local government there long before the German army rolled in with their tanks on September 1, 1939. There had always been some anti-Semitism, and that increased as the Nazi influence in the city increased, but until 1936 anti-Semitism was mainly expressed in rhetoric, and was not a great threat. Danzig seemed normal, aware of Germany's East Prussia to the east, and Poland to the south and west, but separate from both of them.

In my innocence, it seemed completely natural to me as a young boy that the ancient idea of city statehood should be applied to Danzig. What I did not know, and did not understand, was that the tranquility and orderliness of the city was unreal, that Danzig actually was a political time bomb, ticking away, with outsiders setting and controlling the mechanism. To me, in my youthful ignorance, it was natural that the staid Danzig burghers, the leading citizens of The Free City, thought that all was well, for they went on with their daily routines, seemingly without concern for the changes that were going on just beyond Danzig's borders, and with little visible interest in the cancer of Nazism that was growing larger in the Free City during the middle 1930's. To the Danzigers I knew, it seemed everything was just as it should be. They dimly recognized that there were changes going on around them, but those mirrored events in Germany, and other countries of Europe. And despite the changes that signaled danger, they shut out the unpleasantness that was becoming a daily occurrence, and finally, simply allowed events to engulf them. That was true of Danzig's Jews, as well. They all knew that the gathering Nazi strength made life more precarious for them. But many consoled themselves with the thought that it was as bad as it could get, and could not get worse. Most argued that precariousness had been a way of life for Jews throughout the ages and Jews had always survived, because there was no other option. That kind of optimism, as the political environment for Jews consistently deteriorated, was a deadly miscalculation, as my family, and all the other Jews, realized in a few short years.

Isidor and Edith

My father was born in Putzig, approximately 30 miles west of Danzig. When he was born in 1885, Putzig was German. He was a tall man, tall especially for his generation, and he got along well with others despite the fact that he was hard of hearing. My mother told us that when my father was a baby, he was dropped by his nanny as she was bathing him, and that fall affected his hearing. As a result of his disability, he was not able to go to the university, as his brothers did, who became lawyers, bankers and university professors, but had to learn a trade that would not be hampered by his loss of hearing. He had a talent for sketching, and often drew pictures of people we all knew in a very life like manner. Unfortunately, none of those drawings have survived. Because of his disability, when old enough, he was sent to Berlin to an academy that taught tailoring. Perhaps it was that very ability to sketch well, that prompted his parents to send him to tailoring school because a good tailor has to be able to draw patterns accurately so that the clothes made for a client fitted perfectly. But most likely, it was my grandfather, because he had a store that sold fabric for clothing, who made the decision to send my father to learn the tailoring trade. My father graduated from the Berlin tailoring academy before World War I, and apprenticed in Berlin at a tailoring firm, and then came to Danzig where he graduated to journeyman, and then passed his examination as a master tailor in the tailoring guild of Danzig. Without the credential of master tailor from the tailoring guild, he would not have been able to open his own shop or hire apprentices and journeyman tailors, because the guild controlled all tailoring shops in the city. My father was an excellent tailor, and his shop was always busy with clients who wanted to have a new suit or coat made, or have their clothes altered to make them fit or look new again.

The fact that he was a master tailor was unusual. Not only was his hearing impairment a detriment, but he was also the only Jew in Danzig to achieve the rank of master tailor in his guild. From medieval times, Jews in the German states had not been allowed into the professions, or entry into the trades. The trades were controlled by guilds that actively excluded them. It was only at the end of the 19th century that a slow change began. After World War I ended, and the Weimar Republic was democratically elected in Germany, all laws discriminating against Jews were eliminated, and Jews were able to enter any profession, including government, as well as the trade guilds. That, however, did not mean that Jews could routinely attain the highest rank of master within their guilds. In order to do that, they had to be superbly talented in their craft. Because my father was able to achieve that highest rank in his guild,

My father in the late 1920's

17

we all felt very proud of him.

My parents got along well together, and although I do not recall that it was ever mentioned to my brother or to me, they must have loved each other very much. In the ten years that I knew my father, I never heard a word spoken by him in anger to my mother.

My father never chastised either my brother or me. He did tell us that we had to follow instruction from him and from my mother, but left the infrequent punishments for us boys, when we misbehaved, to my mother. She occasionally threatened to spank, but never did any more than berate us to do better. Both my mother and my father were loving and considerate parents. My father had many

friends and acquaintances in our little suburb before the Nazi controlled government restricted the activities and movements of Jews.

One of his friends was a man about his age, who had his suits made in my father's shop, and often came to visit in the early evening to discuss the day's event

Erich and I in 1931
My father made the sailor suits

with my father, and have a cup of coffee with him. My father went to visit him, as well. He enjoyed the short walk through a little city park to his friend's house. It gave him an opportunity to get some fresh air and have some much needed exercise after a long day in his tailoring shop, designing patterns, and cutting cloth for his clients' clothes, that the journeymen tailors would then sew, sitting cross legged on the long wooden table, that was the center piece of the tailoring shop.

It was in the middle of the 1930's, probably 1936, before the restrictions for Jews had become severe, that my father came home one evening from one of those walks through the park to visit his friend, with his head streaming blood. The way my mother explained it to us boys, my father had seen someone lying on the ground in the park and investigated. It was evening, and dark, and he thought that someone needed help. What he found was a Nazi SA Storm Trooper with his girlfriend. The SA man was greatly upset that he was found on the grass in the park with a woman. He also recognized that my father was Jewish. He pulled out his pistol and threatened my father, who according to my mother, began to run away. As my father was running, the SA man shot at him, creased the skin of his head, and began to chase him. My father ran to the local police station, which was located close to our apartment house, and where he was known by all the policemen stationed there. As he was explaining what had happened, the SA man burst into the station and demanded that the police arrest my father. The policeman in charge told the SA man that he had broken the law by firing his pistol in an urban area, and told him that he would be charged with that crime unless he left at once and considered the matter closed. The SA man apparently thought better of his demand and left. My father then came home and told my mother what had happened. She then told us what happened, and emphasized to us that we had to be careful because life was becoming more dangerous.

Obviously the police had not yet been taken over by the Nazis completely, because if the SA storm trooper's demands had been enforced, my father would have been arrested and would not have come home that evening. It was also helpful that my father had good relations with the local police, and that they knew that he was an honest and law abiding person. That was the last time my father went to his friend's house, because going through that park was no longer a safe thing to do. But his friend came to see him for some months thereafter, until he, too, had to stop because his son joined the SS, the black uniformed Nazi organization headed by Heinrich Himmler.

My mother was born in Danzig, which was a part of Germany until the end of World War I. She grew up in the city and attended a girl's lyceum, which was what girl's high schools were called then. As a young adult she was employed at a local bank as a bookkeeper. Her father was a merchant who became reasonably wealthy, but lost most of his holdings when, in the early 1920's, inflation wiped out a good portion of his assets. Mother told me that while working at the bank during that time, she was paid in gold or stable currencies, and that she helped to support her parents.

As I remember, she was as busy as my father; she kept the books for the business, dealt with clients, and made sure that our home was well cared for. Despite all of her many duties, she always had time for us, and had complete charge of us during the work day, when my father was busy in his shop. Among the many things she taught us, was to be considerate of others, and to be forthright, and honest in our dealings with all. I don't know how my parents met, but in 1926 they married. The family grew quickly. My brother Erich arrived in 1927 and I was born the next year.

Our Homes

We lived in Oliva when Erich and I were born. That was a small suburb of Danzig just east of Zoppot. Zoppot was a Baltic Sea resort town with a beautiful beach, a racetrack and casino, and a large and fancy hotel, the Grand.

My father's shop was in front of the palace garden of Danzig's bishop, who lived in Oliva, but my recollection from that time is limited because I was only four years old when we moved from Oliva to Langfuhr, a larger suburb closer to Danzig. At first we moved into an apartment on the Hauptstrasse, which was the main street that connected Danzig and its western suburbs all the way to Zoppot. Apparently that was not a good location and we soon moved once again to a side street that provided a greater measure of safety for my brother and for me, compared to the relatively busy main street. The street we moved to was called Friedensteg, which is "Peace Lane" in English, and we lived in a newly built apartment building at number 10. The apartment we moved into was very large. It had two large rooms facing the street, one of them the living room and the other a bedroom, another very large bedroom and a kitchen facing the courtyard, and a large workroom with a separate entrance for the journeymen and apprentice tailors, all the way in the back.

Both Erich and I often played marbles, or ball, in the courtyard, and we also played in our street because it had only the occasional horse and wagon going through it, and very rarely a car or truck. Once there was a very big open touring car parked in our little street, with New York license plates attached to the front and rear. That was very unusual and attracted much attention. Everyone who passed by was very surprised and curious, wondering who had brought his car all the way from America to Danzig. For Erich and for me, it was very exciting event to see such a large car from so far away. Although we were very interested to find out who the owner was, we never found out, and in just a few days, the car disappeared.

Our street was an excellent environment for children growing up, and we enjoyed it immensely. That does not mean that there were no problems that came about through anti-Semitism. Sometimes when playing in the street, our ball would fly into someone's garden and one of us would climb in to get it. Occasionally someone would open a window and shout at us "Get out of my garden you Jew rowdies." Once I went into a garden to get our ball, when a man shouted an anti-Semitic curse at me. I quickly jumped over a hedge to get out of the garden. I did not know that there was barbed wire in the hedge, and I slashed my thigh from inside my knee up to my hip. Luckily, except for the gash that bled profusely, I had no consequences from that gash other than a scar that remains to this day.

Not far from our house, at the end of a street called Jeschkenthaler Weg, there was a park with a small forest and a tall observation tower. Erich and I went there often in the spring and summer to play hide and seek in the bushes, take walks in the woods and meadows, and to climb the observation tower. From that tall tower we could see the countryside and the beaches on the Baltic Sea. The park was perfect for us, and we enjoyed going there, because it was a great place to play, and it was tranquil and safe.

Left to right: My father, Erich, my mother, my maternal grandparents, me, Aunt Lotte, Uncle Moritz, my father's brother, Aunt
Ruth standing with a student at my 5th birthday party.

Unfortunately, when war came, it was out of bounds for
us because it became something completely different. The
German army took it over and placed their long range artillery there. We never saw those big guns, but we heard
them for several days, because the German Army used
them to shell Polish positions from our favorite play area.
The cannon booms were very loud, and made our building
quiver every time those cannons were fired.

Reminiscence

I began school in 1934, the year after the Nazis come to power in Germany.

A sprinkling of brown, Nazi Party, storm trooper uniforms began to appear in the streets; the Hitler Youth with their brown uniforms, the entry level to the Nazi Party for young boys, also began to march through the streets of Danzig. They sang anti-Semitic songs and Nazi propaganda against Jews became more prevalent. But there was not much violence as yet, and although my parents took notice of the possible danger, it was more of a psychological danger, and did not seem to warrant extreme measures, like leaving Danzig.

Quite to the contrary, my parents enrolled me into public school that year because it was close, convenient, and still possible for all Danzig citizens, even Jews, to attend. Erich was enrolled in that school, as well, having started there the year before. We both attended public school until 1936, when anti-Semitism increased dramatically, and public schools were closed to Jews. Erich was far enough along in his school work that he could be enrolled to begin the lower level of secondary school, and he entered the Jewish Gymnasium, located in a leafy suburb, that was still allowed to operate normally. I was still at the elementary level, and was enrolled in the Jewish elementary school, located in the center of Danzig's old town, next door to the house where the 19th century philosopher, Arthur Schopenhauer, had lived. After a year in the Jewish primary school, I joined Erich in the Jewish gymnasium in 1937 where Dr. Rosenthal was the head mistress. We were only able to attend the Jewish gymnasium until the summer of 1938, when the situation for Jews became even more restrictive, and the Nazi controlled government in Danzig closed both Jewish schools.

The Last Year

Because organized school attendance had stopped for my brother and for me after the closing of the private Jewish Gymnasium in 1938, we both attended an underground school, held intermittently in homes of our teachers when they felt that it was safe. One of the teachers we nick-named Pluto, the King of the Underworld. He was a classicist, which was the reason why we named him Pluto. He always held a little pocketknife in his hands and played with it as he lectured. He was a middle aged man, around 45, and was well liked by the students. There were many times when we had our classics classes in his home during those months, and we learned much from him about ancient Greece and Rome.

Pluto, I do not remember his real name, lived near the railroad station in Danzig, and that meant Erich and I had to take the trolley from our house, which was in the first suburb from the railroad station, and then walk to his apartment a few blocks away. One day, after one of his clandestine classes, my brother and I were walking to the trolley stop in front of the railroad station when we saw three or four Hitler Youth boys in uniform. They saw us, too, and somehow recognized that we were Jews. One of them had a long stick, which he swung around his head menacingly. All of a sudden they ran toward us, and we ran for the trolley, which was just coming to the stop. Both of us jumped on the trolley, but the four Hitler Youth boys were too far away to get to the trolley stop before the doors closed. Just as the trolley began to move there was a loud bang against the side of the trolley, and the motorman braked, stopped, opened the door, and got out of the trolley with a curse, and accused the Hitler Youth boys of damaging state property, telling them in no uncertain terms that they would have to pay for the repair. They remonstrated with him that they were after two Jews who were on the trolley, but the motorman would not listen. He shouted at them and told them forcefully that they were responsible, took their names and told them that they would hear from the police. My brother and I rode home in silence. When we got off at our stop, the motorman smiled at us, as if to say,

"I showed it to the brash little bastards, didn't I?"

Erich and I looked at each other in amazement, because we had seen the motorman many times but had never talked with him except to say "hello" and "thank you".

There were others who were heroes in our eyes, just like the trolley operator. One of them was our neighbor. He was a civil engineer who always wore puttees and built bridges. He was a member of the Masonic Order, was short, with a very corpulent, rounded, pear-like figure. We did not see him very often because he was always away in the countryside building bridges, and perhaps roads, but we saw his wife almost every day. One day after the war had begun, and after the SS and Gestapo had paid us a visit in the middle of the night, searched our apartment and threatened us, the doorbell rang early in the morning and our neighbor stood there holding a pistol.

"Frau Eisenstädt, if those horrible people come to bother you again I will shoot them," he said.

My mother tried her best to calm him. His wife came into the apartment, as well, telling him that it was not safe to be in an apartment where there were Jews, and that he should leave and go back home. But he repeated what he had said before in an angry voice,

"I will shoot them if they come back,"

Of course, doing what he did, not only created a great danger for him, but for us, as well. If the Nazis had heard him, we all would have been arrested immediately. So we were very glad that he was finally persuaded to go home, and not stand guard in our apartment. There were a few more like him. Those who hated the Nazis, but felt powerless to do anything against them. Some of them came to say goodbye to us late at night, just before we left Danzig for good. They brought little goodbye gifts of chocolate and cookies, stayed for just a moment, and then were gone.

Planning to Leave

By 1937 Jews in Danzig began to think seriously of leaving and immigrating to America, Australia, Argentina and China. My parents, too, began to plan to leave Danzig and after some discussion decided to apply to immigrate to the United States. My father knew all there was to know about New York from newspapers, and had read about its mayor, Fiorello La Guardia, whose wife was Jewish. Besides, we had distant relatives in Philadelphia, and when my mother wrote to them, they immediately provided us with an affidavit of support. Such an affidavit was required by the American Consulate General in Danzig in order to receive visas to enter the United States. Armed with the precious affidavit, my mother and father applied for visas for all four of us. Visas for my mother, brother, and for me, were granted in a few weeks. We all were born in Danzig, which under the then current regulations for the issuance of visas, made us eligible for almost immediate granting of visas.

Unfortunately, my father was not born in Danzig, and his visa was not granted. His request was placed on a long waiting list, with no information when he would receive his visa. The reason was that the American Consulate General in Danzig had placed my father on the Polish quota list because he was born in Puck, and the Polish quota had a long waiting list.

When my father was born in 1885, however, Puck was called Putzig, and was German. Therefore, at birth he was German citizen; but the Treaty of Versailles gave Putzig to Poland, and it was renamed Puck. Because he then lived in what had become Poland, he automatically became a Polish citizen. For the American Consulate General, therefore, he was considered to be eligible only for the Polish visa quota, despite the fact that when he moved to Danzig he became a citizen of the Free City. Because the number of Poles who wanted emigrate to America was much larger than the yearly visa allotment allowed for that country, there was a long waiting list. That meant that my father would not be issued his American visa for some time to come.[2]

The rest of us, my mother, my aunt Ruth, my mother's sister, who also applied for her visa, my brother and I, were on the Danzig quota, because we were all born there, and that visa quota was undersubscribed, so that there was no delay in obtaining permission to enter the United States. We inquired at the American Consulate General again in the summer of 1938, and were told once more that there could be no visa issued for my father for quite a long time because the waiting list was still very long. That was very unsettling news, and I remember overhearing my parents discussing the options that remained for our family. There was talk of going to Sweden, of immigrating to China, where my mother's brother and his family had gone from Berlin in 1933, when Hitler came to power. And there was some discussion of sending my brother and me to England on a special children's transport, which would have meant going without our parents. Obviously, none of those options were acted on, and because of the ever increasing anxiety, my father broached the thought that my mother should take the two of us to America and leave him to wait in Danzig for his visa to be issued. I remember several discussions Erich and I had at that time with my parents, who wanted to quiet our fears by telling us that once settled in New York, after my father joined us, he would open a tailoring shop. We, in happy excitement, said that we would get bicycles, and help by delivering all the clothes that he would finish. That was a pleasant dream and made us feel more secure.

Anti-Semitism and War Clouds

Not only was there a significant increase in anti-Semitic rhetoric beginning in the middle of 1937, and ever more severe restrictions for Jews regarding schooling, shopping, even prohibiting the use of park benches for Jews, as well as the rapidly increasing violence against Jews, but there was the danger of war against Poland. I remember the constant, and violent, anti-Polish rhetoric that began around that time, that increased steadily along with ant-Semitism. Further, because of the severe restrictions that had been imposed by the Nazi government that prohibited all but Jews to be clients of my father's business, his tailoring business suffered, and shrank dramatically.

By the end of 1938 the situation had deteriorated to such a degree that life for Jews in Danzig was extremely dangerous. Kristallnacht, the night of sheer terror against Jews by the Nazis, took place on November 9, 1938, bringing about the systematic destruction of Jewish businesses and the desecration of Danzig's synagogues. Our suburban synagogue was not far from where we lived, and I remember going to see it with my parents the day after Kristallnacht. All the windows were broken and we could see that the interior of the synagogue had been burned. Torah scrolls, prayer books and prayer shawls were ripped and lying on the ground. It was a scene of complete desecration. There were several people looking at this with us, but no one said a word. It was a scene that has remained seared into my consciousness. Seeing the destruction of the synagogue, I felt my Jewish heritage much more strongly, a feeling of faith that has never abated. A few days later, on a visit to my grandparents, who lived in the center of Danzig, I saw that Danzig's main synagogue was also desecrated; but not in the same way.

Although the Nazis tore the Torah scrolls, and defaced and tore prayer books, and prayer shawls were thrown into the street, no windows were broken, and no damage was done to the structure. The main synagogue probably escaped physical destruction because it was located next to Danzig's main fire station, and across the street from police headquarters. But no matter. The Nazis closed the synagogue, and later erected a fence around it with a slogan painted on it that read, "Jews are our misfortune." After the German takeover in September 1939, they proceeded to organize the deconstruction of the synagogue brick by brick until, we learned later, only a gaping hole was left in the ground. The last time I visited Danzig in the summer of 2001, strangely, as if to serve as a reminder of the brutality of the Nazi period, that hole in the ground where the synagogue once stood was still there.

Luckily, my father's business was spared on that tragic and horrific November night, probably because it was located on a side street. However, more and more Jews were beaten in the streets by the brown shirted storm troopers and more and more Jews simply disappeared. I had overheard my parents discussing a big meeting at the main Synagogue in Danzig, just before Kristallnacht, that was called to encourage Jews to move away because of the growing danger. That meeting and Kristallnacht must have had been a major reason why my father insisted, what had been only a thought before, that since we had visas, my mother take Erich, and me, to America without him. He said that he would wait in Danzig and follow as soon as his quota number came up. It was, "Either leave for America with the boys," he said, or he would sign us up to be taken to England on the 'The Children's Transport". That would have meant my brother and I would have to leave Danzig without our parents, with a very uncertain future, and no assurance of seeing them again. That tense discussion lasted for several weeks, when, finally, my mother reluctantly agreed to leave for America with the two of us, and leave my father behind in Danzig.

That was a shock for us. Leaving Danzig without my father had not been a serious option before. We, as young children, were secure in the knowledge that we were a family, and that when we left for America we would all go together. Although our parents explained that it was only a temporary separation, and that my father would join us soon, it was only at that moment that both my brother and I fully understood that we were going to travel to America, and that we would do that with only our mother.

Although there had been much talk of leaving, nothing specific had been done to make it clear that our departure from Danzig was imminent until the day when my father insisted that we leave without him. He obviously realized that not only was there no future for Jews in Danzig anymore, but that the political conditions were becoming more and more dangerous for Jews. His decision must have been very difficult and painful, but very courageous. His first interest, clearly, was that his wife and children should be safe, and he obviously realized that remaining in Danzig was no longer an option because of the ever increasing danger to Jews. Except for applying for American visas in 1937, and writing to distant relatives in the

United States, who had long ago left Europe, to ask them to sponsor, and vouch for us, which they gladly did, no other arrangements were made that we, as children, were aware of until my father insisted that we leave.

After my parents made their difficult decision, which took them until the Spring of 1939 to agree on, events began to happen fast. A moving company was engaged in early summer, and two large wooden crates were brought into our apartment. We filled them with many of our family belongings. My brother and I were in and out of those crates, packing clothes, dishes and linens. We cleaned our good Persian rug in the backyard, by hanging it on a clothesline and beating it. Then we carefully folded it, and placed it in one of the crates. It did not take long to fill the crates. When the crates were full, the moving men came back, banded the crates with metal straps, and took them away to ship them to a warehouse in Gdynia, the Polish port in the narrow corridor between Danzig and Germany. There the crates were to wait for us until early September, when we were to take the flagship of the Poland-America Line ship, the Pilsudski, to New York. By then it was the last half of a warm and beautiful August.

During the last week in August, just a little over two weeks before we were to leave for America all of us had to move from our bedrooms, and sleep in the living room in the front, because a blackout had been declared, and that room was the only one where the windows could be completely covered. The blackout order was an ominous sign, but my parents hoped that it was only a test. My parents slept on a couch, Erich was given an easy chair with an ottoman that was just long enough to let him stretch out, and I slept on a makeshift bed made out of two ironing boards with a lot of cushions on them. It was not as good as my bed, but it was reasonably comfortable and a kind of adventure. The blackout, my father thought, would only be for a night, or two, and then we would be able to go back to our bedrooms until my mother, Erich and I were to leave.

War

But that was not to be. The blackout continued and never ended. And early in the morning at about five o'clock on September 1, 1939, we were suddenly awakened by repeated loud booms. Then church bells began to peal, and people were shouting in the street that war had begun with Poland. For us, Germany had done the unthinkable. It began the invasion of Poland just after the summer harvest was completed, so that the food supply for Germany could be vastly increased, and it also increased its territory by later annexing much of western Poland. That, my parents thought, would satisfied Nazi propaganda slogans calling for greater living space (Lebensraum).

During those first moments of the war against Poland, first disbelief, then shock, and finally, worry set in for us. With Germany and Poland at war my parents realized that we could not travel to Gdynia. What to do now? How would we leave? Could we leave at all? If we can't leave, what will happen? All those questions came crashing in at the same time and there was no answer for any of them. At that moment going to America seemed impossible. My parents felt trapped. We dressed and eventually went into the street to see what was happening. There were German soldiers everywhere. We had no idea where they came from so quickly. German dive bombers were zooming down onto unseen targets, and we could see when they dropped their bombs. Finally a sympathetic neighbor told us quietly what had happened. The German Navy training ship 'Schleswig-Holstein', which had come into Danzig's harbor a few days before on an ostensibly good will mission, something that it had done on previous occasions,

had opened fire on the tiny Polish garrison on Westerplatte with its large guns.[3]

Westerplatte is a small spit of land in Danzig's harbor
that was then home for 72 Polish soldiers assigned there
to assure prompt transshipment of military supplies for
Poland. They were lightly armed, but had dug themselves
in very effectively. It was Stuka dive bombers we saw
when we went out into the street that early September
morning, that were dropping their bombs on the Polish
garrison there; and the German army, which streamed into
Danzig, probably from East Prussia, was assigned to cap-
ture the garrison. The 72 Polish soldiers put up a valiant
resistance, but they were hopelessly outnumbered. Yet,
they held out for several days until their ammunition ran
out.[4] Employees at the Polish post office also fought back,
but we later heard that they were quickly gassed into
submission.

At that moment, although we did not realize it, World
War II had begun with the German attack on Polish inter-
ests in Danzig, and, of course, by the invasion and annexation of Danzig by Germany, and with the German army's
invasion of Poland. That meant that Gdynia, the port that
was to be our departure point, had fallen to the Germans,
making it impossible to leave from there. To make it
worse, the trains were not running, the roads were closed
to civilian traffic, and were clogged with military vehi-
cles. Now it was certain that there was no way to board a
Polish ocean liner in Gdynia, or anywhere else. For the
moment all seemed lost, including the two crates with our
belongings that were supposed to help us get settled in
America. We were looking at a whirlwind, and it seemed
as if it were about to engulf us, swallow us, and destroy

us. We were facing disaster. It was a devastating moment, and we all felt trapped. There were German soldiers and Nazi uniforms everywhere. Our main street, actually called Hauptstrasse, which means Main Street, was changed to Adolf Hitler Strasse immediately, in honor of Hitler's impending triumphal visit to the city that he had succeeded in re-incorporating back into Germany by his unprovoked sneak attack on Poland. It seemed that we had nowhere to go.

Poland Defeated and Danzig is German

Erich and I were standing on our main street about two weeks after the start of the war and watched the German army march by. Erich was 12 years old and I was 10. We thought that we looked like most other boys our age standing there in our short pants and jackets, looking in amazement at the long column of German soldiers. Poland had been conquered and occupied by German troops in the west, and Soviet troops in the east. The German army was leaving the battlefield and coming into Danzig. The column seemed endless. They came from the west, from where Poland used to be. Hitler was standing in the lead car, which was an open touring car surrounded by SS security troops. The military followed. There were men and horses, command cars with officers sitting in them, armored personnel carriers with small cannons hitched onto the back, a few tanks, but mainly infantry. We stood there for what seemed a long time, then all of a sudden a woman bent down and whispered into my ear,

"You boys should not be here. It's dangerous for you."

I looked at the woman but did not recognize her. Perhaps my parents knew her, but neither I nor my brother knew who she was. No matter. My brother and I looked at each other for a moment and went home. Whoever the woman was, she did us a great service, because if she recognized us, others who might have been less well meaning could have recognized us as well.

Revising Departure

With the war against Poland ended, and western Poland under German occupation, my parents had to find a way to get us out of Danzig. Toward the middle of September they somehow managed to obtain tickets on the Veendam of the Holland-America Line. Holland was still neutral at the time, so that normal relations existed with Germany and travel to that country was still possible. That my parents were able to manage to obtain tickets was a miracle, since the berths had to be paid in dollars, and the Germans, who were the new controlling authority in Danzig, had immediately made it a part of Germany, which meant that German laws now fully prevailed. That imposed even more severe restrictions on currency exchanges, almost completely prohibiting the export of foreign currency. Considering those severe currency restrictions, the tickets must have been purchased outside of Danzig, with funds from one of the international rescue organizations which had contact with our Jewish Community office. About one month passed before everything was ready for our second attempt at departure. We had our tickets and our exit visas from the German authorities, and were only allowed to take one small suitcase for each of us. By that time, defeated Poland was partitioned between the Soviet Union and Germany, and Germany was at war with Great Britain and France.

Miscalculation

Looking back, my father had been woefully optimistic. It was probably hope that prompted him to cling to the thought that there would be no war. He and so many of his acquaintances and friends felt the same way. Just before the war began he understood how grave the situation was becoming and he, as well as others, presumed that Germany would only annex Danzig, and that Poland would complain, but do nothing. He believed that Poland would continue to exist, and that we would be able to leave as planned on the Pilsudski from Gdynia.

But by the morning of September 1, 1939, when the war began, everything changed. Poland was gone, and Danzig was annexed to Germany. From then on there were even more men in uniform everywhere: there were soldiers in German army uniforms, the dreaded black uniforms of the SS, who were the ones who came to take people away in the middle of the night, the brown uniforms of the SA storm troopers, along with the familiar Danzig gendarmerie. The brown uniformed storm troopers were feared even before the German takeover, because it was they who beat Jews in the streets, broke shop windows of Jewish stores, and during the night of November 10, 1938, Kristallnacht, they were the ones who burned, broke into, and desecrated Synagogues everywhere in Germany, Austria and Nazi controlled Danzig. But after the annexation, the black uniformed SS were even more feared, because they arrested people who were never seen again. Obviously, it would have been better if my parents had heeded the many warning signs, and all of us had left Danzig earlier. There were places to go to, and my father could have left, as well. There were ships to Scandinavian countries leaving from Danzig on a regular basis, and the possibility to leave for China was consistently open.

But it is wrenching and difficult to leave familiar surroundings where one grew up, where family members lived, and where there were no linguistic obstacles. Yet the signs of oncoming disaster were there. There were not just the beatings and disappearance of Jews who were personally unknown to us, but there were also those incidents that touched us directly. Once, in 1937, going home from a soccer game with Jewish friends, we were trapped on a bridge, across from the field made infamous by Günter Grass in his book, "The Tin Drum", where the Hitler Youth held its rallies, there was a gang of Hitler Youth toughs who had waited for us in the middle of the bridge in order to beat us with sticks and whips. Some of the older boys decided to fight, and because I was the youngest, they gave me the soccer ball and told me to run home. I wanted to stay and help fight the Nazi toughs, but was told in no uncertain terms that since I was only eight years old, I was too young to be of any use in a fight, and that my responsibility was to safeguard the soccer ball. I took the ball, and ran for the mile and more to my house, and told my parents what had happened. I found out later that my friends gave a good accounting of themselves, but that several of them were injured, and required medical attention. That was an incident that came close to home. Another was my father's confrontation with the SA Storm Trooper. That was even more dangerous. There also were the ever more numerous signs in shop windows, and park benches, of "No Jews Allowed". And then there was Kristallnacht. It should have been more than enough to pack up and leave. But it was not until it was too late for my father to leave, and almost too late for my mother, brother and me, that the final decision was made. Part of the lack of action was the hope that conditions could not get worse, another part was the difficulty of leaving my father in Danzig, and the three of us going to America without him, plus the fact that there was simply a kind of inertia, that translated into the reluctance to leave familiar surroundings.

Preparing For Departure

We, my mother, brother, Aunt Ruth, and Roman, a boy my mother had agreed to care for during the trip to America, were scheduled to leave from the railroad station on October 14, 1939. The fact that my father was not coming with us was now a stark reality. During those last few weeks before our departure, the fear and the danger increased every day. As long as Danzig had not been annexed by Germany, there was still hope that things would not get to where they were in Germany. Despite the beatings, and the anti-Semitism, there was no evidence of killing, and there were no concentration camps, as in Germany.

After September 1, 1939 the threats became reality. More and more frequently, Jews began to disappear, with no clue as to what happened to them. Soon there was whispered news that a concentration camp had been established just outside of Danzig at Stutthof. Everyone in the Jewish community then knew that the next knock on the door could be the final one. Now the most dangerous uniforms were the black ones. The brown shirts beat you and broke windows, but the black ones were the ones who arrested Jews in the middle of the night and took them away, never to be seen again.

Something else that was new after September 1 was the nightly transfer of Polish prisoners. They were civilian and military prisoners of war, and every night after September 1 they were marched through Danzig in ragged formations to unknown destinations, but not to unknown fates. Rumors about them were everywhere, but I saw them only once. We were leaving for America in a few days, and my parents had taken my brother and me to say goodbye to our grandparents. They lived in the center of Danzig and we went there by tram. By the time we were on the way back it was evening and dark outside. Just as we arrived at the first tram stop in Langfuhr, our suburb, we saw the long lines of prisoners. They walked in loose formation in the other direction, toward Danzig. There were a few German soldiers with rifles guarding them. I pressed my face against the tram window and watched those long lines pass by. There seemed to be no end to them. They looked exhausted, and the many civilians among them still carried their briefcases and lunch pails with which they went to work on the day they were arrested. I remember my mother whispering to me to be quiet and not to say anything. There was no need to be concerned that I would cry out, because I was aware of the dangers around us, and I realized who those men were, and what would happen to them. All I could do was to look on in stunned silence. Then the tram continued, and soon we came to our stop. When we left the tram we all looked back into the darkness, in the direction of those who were among the first casualties of the horror that was to follow. There was silence that night as we prepared to go to sleep. Seeing those prisoners had sent a shudder through all of us.

Although it was the beginning of October it was still summer-like. The weather was warm and pleasant. It was the time of year when we were always out in the woods, which were not far from our house. Before the war, we had played hide and seek there with our friends, took walks among the big trees, had our secret hiding places in the big bushes and climbed up to the top of the hill, where the observation tower was, to look at the surrounding country side from the highest point in the area. From there we could see the spires of the churches in Danzig, even the sandy shore of the Baltic, and the woods and fields that made up the rest of the little enclave that made up the territory of the Free City.

1939 was different. Danzig was now a part of Germany, and we were leaving. Life was getting worse every day. Jews not only were beaten in the streets, some just disappeared as if they had never existed. My father's brother, Sally, a banker, however, was one whose fate became public knowledge. His picture was prominently displayed hanging from a gallows in <u>Der Stürmer</u>, a violently anti-Semitic hate sheet published by Julius Streicher, and posted on bulletin boards throughout the city. Not only was he a Jewish banker, but he also was involved with a gentile woman. That made him twice guilty in Nazi eyes.

All our Jewish friends and relatives had only one topic to discuss: where to go and when. My father's tailoring business had almost totally disappeared. The only ones who came were a few Jewish clients, who were themselves leaving, and needed some work done on their clothes before departure.

Leaving

We were leaving, as planned from the Danzig railroad station on October 14, 1939, a little more than six weeks after the war began. It was he last time that I saw the railroad station as a child. At that moment of traumatic departure, the station had lost its glitter, and my youthful fantasies were no more. My mother, brother and I, accompanied by Aunt Ruth, and Roman, a boy about our age who was an American citizen, were leaving Danzig for America without my father and without the boy's mother. The mother of the boy who was coming with us had the same problem as my father because she was Polish, and, therefore, had no visa to go to the United States. How she came to know my mother, to ask her to care for her son, is one of the many questions for which I have no answer.

We had said our goodbyes, kissed our father, and climbed onto the train. We went to our compartment, pulled the window down, and looked out to say goodbye again. My father stood beneath our window, and with tears streaming down our faces, we all said goodbye over and over again. Then the train began to move very slowly. My father walked with the train as far as the end of the platform and then remained standing there in his long, green loden coat, waving his handkerchief. All of us were leaning out of the compartment windows, waving back, as his figure receded in the distance. As the train picked up speed and rounded a curve, he was gone. My mother, aunt, brother and I sat down in our seats and said nothing. We then realized that we were not alone in our compartment. While we were looking out of the window, two

German soldiers had entered, and taken two seats as the train pulled out of the station. They had a lot of equipment with them, their knapsacks, rifles, gas masks, bayonets, and were sitting there looking at us. We looked at them timidly, and then one of them spoke.

"We hope that you don't mind that we took these seats," one of the soldiers said. "The train is full of our boys and we just wanted a place to sit for awhile."

"No, of course not," my mother replied.

We three boys had to squeeze into two seats, since we were now seven persons in a six seater compartment. We saw that my mother was concerned that the soldiers could be a problem for us if they found out why we left Danzig. As it turned out, the soldiers were not interested in us at all. At first they talked only to each other. But after a little while they turned to my brother, to Roman, and to me, and asked us if we would like to see their equipment. We could see my mother's concerned looks, and the hint of fright in her eyes. But all she could do was to admonish us not to touch the equipment the soldiers were offering to show us.

Before she had finished with that warning to us to be careful, since it was a crime for a German soldier to have that kind of friendly contact with Jews, the soldier sitting next to me pulled his gasmask out of his canister and pulled it over my head and onto my face. It felt very strange and frightening to have the mask on. It was difficult to see through the eyepieces, and the mask was hot. Even worse, I knew that it was a dangerous thing to do, and I just sat there looking through the mask's lenses, saying nothing at all.

The soldier said, "How do you like the gas mask? We wore those when we had to use gas in the war with Poland. Now we're going to the Western Front to fight the French and English. We'll probably have to use them again."

He took the gas mask off my face and stowed it back into his canister. Then he pulled his bayonet from its scabbard and offered it to my brother.

"This is how you stick it on to the end of the rifle," he instructed Erich, who looked bewildered but fascinated. "When it clicks it's fixed, and we can use the rifle like a sword, saber or lance. I didn't have to use it against the Poles, but maybe I will against the English. That's how they fought the last war, with the bayonet."

Both Erich and I politely said "Thank you" to the soldiers, and they went back to talking to each other.

The train slowed as it left the former Free City of Danzig's territory and crossed the former border with Poland, entering into what used to be called the Polish Corridor[5]. The railroad tracks had been destroyed during the fighting and new temporary tracks had been laid, which required the train to go at a much slower speed than was normal. Everywhere we looked we saw the result of war. Massive destruction was all around us. Dead horses were left everywhere to decay, burned buildings, broken wagons, and burned out trucks and cars. The only civilians we saw were women. The men had all disappeared into prisoner of war camps, were dead, or in hiding. The whole region we rode through that had previously been Poland was utterly devastated. The two soldiers in our compartment, who had come through Poland, and had a role in the devastation that could be seen from the train window, ignored it totally. They sang songs, talked to each others, and ate their rations of bread and cheese. Not realizing, or perhaps not caring, that we were Jews on our way out of Germany. They continued to talk to us every once in a while and to offer us tidbits of cheese, and bread.

Despite the train's slow speed, we crossed the narrow former Polish Corridor between Danzig and Germany proper in a little more than an hour. As soon as we entered Germany, the countryside looked peaceful and intact, because no fighting had taken place there. The train picked up speed and did not slow from the former border until we reached the outskirts of Berlin. We traveled through the Berlin suburbs for what seemed a long time before the train entered the city, and finally stopped in the station. The size of the city was amazing to me. It was the largest city I had ever seen. Danzig was a city of about four hundred thousand inhabitants, and always seemed large to me, but Berlin was much larger. And everywhere we looked, as the train rolled through the city center, there were huge buildings, much larger than any I had ever seen before. On the roofs of many of those buildings there were antiaircraft guns pointing toward the sky, with several soldiers manning each gun. We could see those guns very clearly when the train was elevated from the street. On the street below, there were uniformed people everywhere. There was the gray-green of the soldiers, the black of the SS, the brown of the SA, and the brown of the Hitler Youth, as well the brown of the girls from the BDM (Union of German Girls, the Nazi organization for girls), and now and then a policeman with the familiar and unique headgear that the Danzig policemen also wore.

Although we were leaving Germany on visas that only permitted one exit, which in fact meant that we were being expelled, we had planned to spend two days in Berlin with distant cousins who lived there, and who had agreed to put us up. When we arrived at their apartment, which was located in the center of the city, and after having settled in, there was a great deal of discussion about the major problem at hand, the plight of the Jews in Germany, and the danger that we faced because of the war that had just begun.

"I don't think that the situation can get any worse than it already is.", said Cousin Klaus Scheurenberg.

He was a man of about my mother's age, perhaps a little older, who until recently had been an employee of the German National Health Insurance Plan.

"Look here," he continued, "it's true that they sacked me because I'm a Jew. But the authorities have told the Jewish community that things won't get any worse. I think that everything will blow over as soon as the war is finished, which will be soon. The British won't fight for long because there is no reason for them to go through the same thing that they went through in the last war; and the French will have enough of it pretty soon, too. No, no. The war won't last long and things will go back to normal as soon as Germany regains its rightful place in Europe again."

"What will you do in the meantime?" my mother asked.

"We'll stay and wait it out." Cousin Klaus replied.

Cousin Klaus was married and had two children, a boy who was a young teenager and a girl who was a bit younger. They were a family of integrated, reasonably well to do German Jews, who unfortunately reflected much of the current thinking of their compatriots. During the two days that we stayed with them, that same conversation was repeated a few times, each time with the same result. Cousin Klaus, and his family would wait out the war in Germany and then everything would return to what there was before. In a way, they were fearless. Or they were wearing blinders on their eyes, like so many other Jews. All around them Jews had disappeared without a trace. Restrictions on Jews became ever tighter, and more obviously dangerous. They saw that, and did not believe that it could get worse. It was a belief that many held onto even as the world they knew was about to eliminate them.

In a way, it was understandable that Cousin Klaus wanted wait it out. Remembering our short stay in Berlin, it was a memorable one. There seemed to be no restrictions on our traveling around the city. We went to see the sights, the Tiergarten, which was the major park in the center of the city, the Brandenburg Gate, the Victory Column that dated from the victory over France from the War of 1871, and we had our first subway ride which was fascinating. We went anywhere we wanted to without any difficulty or trouble. Nothing could have seemed more normal. Except for all the uniforms everywhere, and the guns on roofs of buildings, there seemed to be calm, prosperity and general gaiety throughout the city. It was as if Berliners had no concern for the war they had just begun. Or perhaps it was because they firmly believed that they would win it. It was an extraordinary experience.

The October sunshine made everything look beautiful and positive, and juxtaposed the fact that we were leaving because we knew that Germans wanted to get rid of Jews, in one way or another. And then to hear our cousins say that they consider themselves immune from the dangers that were so evident while living in the capital of anti-Semitic Germany did not make any logical sense, even to a 10 year old. At the end of our stay, we said our goodbyes, thanked our cousins, and wished them well. We knew that they faced a difficult and dangerous time. Then we were back on our journey out of Germany.

We walked to the railroad station, carrying our small suitcases, and found the train that was to take us to the German-Dutch border. From there we were to take a train to Rotterdam where we would board the Holland-America Line's Veendam for New York. The trip to the German-Dutch border took several hours. The train made many stops along the way, and people left and new passengers came on board. Because the train had compartments, and we were five persons in a six person compartment, only few people came to sit in ours. The ones who did come into our compartment seemed to be aware that we were Jews leaving Germany. The glances and looks they gave us were filled with hostility, or so it seemed. As we came nearer to the border we became increasingly anxious, because we knew that we had one more hurdle to overcome before we could leave Germany, that of the German border police.

Finally, the train reached the border, and stopped at a small building. All the passengers had to leave the train with their belongings and enter the building to go through passport and customs control. Passports were normally inspected by border policemen and they, indeed, were there to do their job. When it was our turn, the border policeman looked at our passports, saw that they were marked that we were Jews, and had stamped into them, "for one exit only", and told us to go into small room.

There were several other train passengers standing in that room already. On one wall there was a long counter, and at the end of the room there was a small wooden table where four black uniformed SS men sat. One of them was looking at a passport and the other three were talking to each other. We stood there and waited. Nothing happened. They took no notice of our group of about ten people. We waited some more. My mother warned us to be quiet. She told us to stand in one place, close to her. We could sense the fear that was increasing by the moment. We stood there, each with our small suitcases, and did not move or speak. The wait seemed endless. The SS man who was looking at passports when we entered, looked at them again, and said something to one of the others at the table. That SS man got up, picked up a pitcher of water from the table and called a name. An elderly man in our group responded. The SS man told him to come forward. The man went forward and stopped in front of the table.

The SS man said, "So you want to leave Germany. Why is that? Don't you like us? Don't you think we treat Jews correctly here? Don't you think that all Jews are filthy and make messes they never clean up? Well, answer me you dirty Jew."

The man looked frightened, but did not respond. He seemed to be more that 60 years old, was well dressed and apparently traveling alone.

Then the SS man continued, "Now that you made this mess on the floor, here in front of me, clean it up."

"There is no mess here", responded the man, a bit perplexed.

"Well, now there is."

As he said that, the SS man stood up, turned, and urinated onto the floor.

"Clean it up." ordered the SS man.

"I don't have a mop or a rag to do that." replied the man.

"You don't have a mop or rag?" As if on cue, all the SS men laughed loudly.

"Oh, all you Jews always want special equipment to do everything. Take off your jacket and clean that mess right now." he shouted at the man.

The man took off his jacket with trembling hands, got down on his hands and knees and began to wipe the floor. The SS man then took the filled pitcher in his hand. Just as the old man was about to finish, the SS man poured water onto the floor.

"Do it again, filthy Jew."

The man kept wiping until the floor was dry and then stood up. His face was ashen and his whole body trembled.

"So you want to go to America." said the SS man.

"And what do you think you will do there? Will you be a moneylender? Or a banker? Do you think that the Americans will let you Jews just do anything you want? No, no. You did such a good job here that they might let you wipe floors. That's all you're good for, anyway. Wait over there."

He pointed to the side of the room and the man, carrying his ruined jacket, went there with a very unsteady gait.

The rest of us stood still, not knowing what to do except to stand there, incapable of moving, and afraid. I felt my mother's trembling hand on my shoulder. My brother's face was wide-eyed with fear, and I realized that those SS men had it in their power to end our journey, or worse.

"Eisenstädt!" yelled one of the SS men.

My mother identified herself.

"You are from Danzig and are traveling on an old Danzig passport."

"Yes."

"Now that we have made Danzig German again, you want to leave? Don't you know that is a traitorous act? You would be better off in one of the camps we're building for you, then to go to America. You are traveling with your sons?"

It was actually a statement, not a question.

"Yes. They are ten and twelve years of age."

"You are traveling with your sister?"

"Yes."

"Where is your sister?"

"Standing next to me".

"And you are traveling with another Jew boy."

"Why is that? Where are his parents?"

"His mother has no visa for America, and the boy is an American citizen. I promised his mother that I would watch out for him."

"Where is your husband? Why is he not here, traveling with you? Don't Jewish husbands travel with their wives?"

That brought raucous laughter from the other SS men.

"My husband could not leave Danzig without an entry visa to America. He has applied for a visa and is waiting for it to be issued." my mother said.

"So that is how they help Jews in America, is it? They split you up, so that they can do with you what they want. What do you have in those suitcases?"

"Only clothes. These were the only things that we were permitted to take with us."

"Take your Jew brats and your sister, and go over there to that counter and show the border guard your dirty stuff."

With that he handed our passports to another SS man who took them to the customs officer behind the counter.

The customs officer was an older man with a handlebar moustache. He wore the normal green uniform of his service, and he looked at us with impassive eyes.

"Put your suitcases on the counter," he barked.

He looked at our passports and gave them to my mother. Then his telephone rang, and he went to answer it, and was gone for a few moments. When he returned he looked at us with surprised wide open eyes, and yelled so that all in that small building could hear,

"I told you God-damned Jews to take your shit and get out of here. I already looked through your crap. Get out!"

No further prompting was needed. As far as we were concerned the customs officer was another one of those heroes. He knew that he had not looked at our suitcases, and obviously was not a Nazi. We grabbed our suitcases and quickly went out through the exit marked, 'To Holland'.

We crossed the narrow separation between the German and Dutch borders, and entered into the Dutch border control post. The Dutch border policeman smiled at us as he looked at our passports, found the Dutch visas, quickly stamped them, and directed us to the exit. Once outside, we saw the train for Rotterdam which we had left several hours before, waiting for the passengers to come out of the German border post. We climbed onto the train and immediately noticed that the train crew had changed from a German, to a Dutch one. There were people on the train as we came on board who smiled at us, and said some things in Dutch we could not understand very well. Some reached into their knapsacks and gave us apples and chocolate, which was very welcome because we had not eaten since breakfast, and it was already early evening. Although some of the Dutch passengers spoke German, most spoke only Dutch, and despite the fact that there was only little conversation between other passengers and the five of us, we felt safe, relieved, and very welcome.

The train continued to wait for some time and we could see that some people were still boarding. Finally, the conductor said something in Dutch, and closed the train doors. We did not see the old man come on board who had to wipe the floor dry with his suit jacket. Finally, the train began to move.

It was getting dark and my mother said that we would miss the Veendam, because it was scheduled to leave Rotterdam for New York that evening. The Nazi danger was behind us now, but all of a sudden another major concern faced us.

Because the ship will have left when we arrive in Rotterdam, what do we do?

It was a question without an answer. One that my mother and aunt discussed endlessly until our arrival in Rotterdam.

After only a little while the light was completely gone, and we could not see anything through the train window anymore, except when the train stopped or went through a station. Even then, there were only empty platforms, and signs in an unfamiliar language. It was about 9 o'clock in the evening when the train arrived at the Rotterdam station. Since we were unable to board the ship, there were immediate concerns that my mother and Aunt Ruth had discussed over and over, and were very worried about. Where would we sleep that night? What would we do the next day? How would we get to America now that the ship had left, and we had only $12.50 for the five of us, which was all the money the Germans permitted us to take out of the country? Those questions loomed large. We had left Germany and its racial hatred behind, but now faced another set of problems that created a different kind of tension, one that required money we did not have.

We need not have worried. The Jewish Community in

Danzig knew that we were leaving, and must somehow have informed the Jewish community in Rotterdam, giving them all the information necessary about our arrival there. Despite the delay of more than five hours, a representative of the Rotterdam Jewish community met, and greeted us as we left the train, and told us that he had already taken care of our overnight stay, and that there was a possibility that we could catch the Veendam in Antwerp the next day. That, he told us, was the ship's next port call. In addition, the man who met us said we were invited to have a late meal with a Dutch family, before going to sleep in a very modest, but most welcome, hotel where we would spend the night. So as to calm my mother's fears completely, our very efficient and generous greeter added that the cost of the hotel, and any charges to get to Antwerp would be paid by the Rotterdam Jewish community.

It was as if a small stone had been taken from my mother's heart. There was a sigh of relief, and then she smiled and thanked the greeter, who took us to the hotel where rooms were ready for us. We left our suitcases, and he took us to the home of the family that had invited us to dinner.

The dinner was a balm for all of us after the harrowing experience of the border crossing. It was simple, but quietly elegant. It was a weekday night, but candles had been lit, and a blessing was said over bread. The chicken noodle soup was excellent, and the roast chicken unbelievably good. We all felt better than we had for days. This was a successful, and greatly appreciated attempt to make us feel comforted and cared for, and the family who provided it gave us the feeling that complete strangers cared. Soon after dinner we thanked our hosts for the wonderful evening of respite that we had been allowed to enjoy, and said goodbye to a generous family of Jews, who must have been caught up in the same cauldron of hate and brutality when Germany invaded Holland.

Our greeter then returned to take us to our hotel to spend the night. I was given a room for myself, with a bed that had a large, and fat, feather comforter on it, thick feather pillows, and a window that looked out onto a street that was lit by street lights and storefronts. I looked out with wonderment at the store windows with all the goods in them. Especially the one across the street that had many shiny and wonderful bicycles on display. It was late and there was little traffic in the brightly lit street. The lighted street was something that I was no longer used to. For the last several weeks we had blacked out windows in Danzig, and no streetlights because of the war, and in Berlin it was the same. Also, there were not many goods in Danzig store windows anymore, and what was for sale was rationed, or not available to Jews to begin with. For me, this was an experience I liked, but needed to get used to again. I looked out of my window while lying in bed on my stomach for what seemed several hours. But it was probably only minutes.

I woke up as my mother was shaking me gently, telling me that it was time to get up, wash, and dress, because we had to go to the office of the Holland-America Steamship line, to arrange for a change of tickets to leave from Antwerp in Belgium, where the ship would be that evening.

We walked there, with only a few wrong turns, and finally arrived at the ticket office. The office was full of people, and we had to wait a long time before we came to the ticket counter. When our turn came, my mother told the ticket clerk our situation and requested to board the ship in Antwerp that evening. All the people in the ticket office apparently were there with the same request. These were Jews who had left from other cities in Germany, and who had been held up at the border, as we had been. Some came on the same train we had been on, and there was a lot of discussion about the border crossing. Everyone my mother spoke with agreed that the Nazis had deliberately delayed the train departure to make us miss the Veendam. All were relieved that the German part of the ordeal was over, but there was much anxiety for all those left behind. For us it was for my father, and all those left behind in Danzig. Although no one said it, and all hoped against hope, even I, a ten year old, knew that the longer the delay for departure from Germany, the smaller were the chances of surviving and getting out.

After much discussion with the ticket clerk, our tickets were finally changed. The delay was that our tickets were for third class, and since we did not arrive in time to board the Veendam in Rotterdam, our cabins were sold to others who had been on the waiting list.

Now there were no more third class berths available. Therefore, the clerk, who was trying his best to accommodate my mother, and all the others who had the same problem, had to get permission from his superiors to issue tickets for second class cabins, without an extra charge for the upgrade.

Once that was done, arrangements were made for all who had missed the Veendam in Rotterdam to leave on a special sealed railway car for Antwerp, because no one had a Belgian visa. The train was to go directly to the dock, and all passengers in the sealed cars were told that they had to go directly from the train to the ship. Since I know that my mother did not pay for the train tickets, they must have been covered either by the Jewish community in Rotterdam, or by the steamship company. By then it was early in the afternoon, and the train ride was to take about two hours. The whole group of late arrivals for the Veendam's departure that had been in the steamship ticket office, then made its way to the railroad station, which was close enough to walk to. Once there, we were directed to the train that was to take us to Antwerp, and on the platform we were told to enter a special car that would be sealed before we left the station. Border police were present, and they had lead seals with wire that they attached to the door handles, just before the train began to move. The whole operation was done very efficiently, and was probably something that had occurred several times before. When the train arrived in Antwerp, it went through the station without stopping, and continued directly to the port. At the port it had to be shunted from one siding to another in order to get next to the Veendam. When it finally came to a stop it was early evening, and getting dark. Then the doors were opened, and without going through passport or customs control, we walked the short distance from the train to the ship, carrying our few belongings. Once on the ship, we were asked our names, and given our cabin assignments. The purser confirmed to my mother that there was no more room in third class, and that, indeed, we would have a second class cabin.

It was a small matter, but it did much to lift our spirits. The second class cabin turned out to have two double decker bunk beds, and a single bed on the third wall. My mother and Aunt Ruth took one of the double decker beds on one side, my brother and I took the other, and Roman took the single bed. It was easy to put our belongings away into the chest of drawers, since we had so little. Just about then we heard a gong, and an announcement that dinner was served. Not having eaten much while waiting for the tickets to be changed, and during the train ride to Antwerp, that was welcome news. We went to look for the dining room, thinking that since we were in second class, we were supposed to eat in the second class dining room. When we finally found it, the head steward turned us away, and told us in no uncertain terms that we had to eat in the third class dining room, and to go there.

Having been turned away unceremoniously, we left, and went in search of the third class dining room. We finally found it, two decks below. The third class dining room head steward was expecting us, and had a table waiting for us. He knew that we were refugees from Germany, and that we had no extra money for tips, and although he was pleasant enough, he wasted no time with us, and left as soon as he pointed out our table.

After the evening meal, which we enjoyed immensely, we walked on deck for a little while. The ship had already left Antwerp, and was in open water. It was dark out and the ship was brightly lit with floodlights. We saw the lights of the Belgian coastline receding in back of us, and open water to the front. It was a moonless night and very dark, except for our brightly lit ship.

When we boarded the Veendam in Antwerp we saw that the ship's name, nationality and the Dutch flag were painted prominently on its side. As we stood on deck and looked over the railings, we could see that the ship's sides were also illuminated to let all know the ship's identity and nationality. Holland was neutral and the ship's captain wanted German U-Boats, and perhaps even British submarines, to make no mistake as to its nationality.

As we went further out into the English Channel the sea became rougher, and the Veendam, a ship of 15,000 tons, small by today's standards, began to pitch ever more violently. The English Channel is one of the more notorious shipping lanes, since it frequently has cross currents that make ships roll and pitch at the same time, making for an uncomfortable passage. We were still on deck, getting to breathe the bracing salt air, and holding on for dear life as the ship made ever more violent movements, when the ship's public address system announced that my mother was wanted in the Purser's Office. The five of us, my mother, Aunt Ruth, Erich, Roman and I, all heard it, and immediately were concerned that something had gone wrong with our tickets.

We all went to the Purser's Office and stood at his counter until someone asked what we wanted. My mother gave her name and told the Purser on duty that she had been paged.

"Oh, yes," he replied, "something came for you."

With that, he reached into a box, and pulled out an envelope and handed it to my mother.

My mother tore open the envelope and pulled out a twenty dollar bill. No note, no identification who sent it, nothing else. Just twenty dollars.

"Where did this come from?", she asked of no one in particular.

No one had an answer. My father might have sent it from Danzig, but if he had, he would have enclosed a note to us. But we realized immediately that he actually could not have sent it, because of the severe restrictions the German government had imposed on foreign currency transfers. On the other hand, he could have put it into an envelope and simply sent it to the ship in the hope that the German post office would let it slip through. That might have been the reason there was no note, just in case the German authorities found the money, but could not trace it so that he would not be accused of contravening German currency laws. But it could also have been the Rotterdam Jewish Community, because they knew that we were basically penniless, with $2.50 per person that the Germans allowed us to take out of Danzig. Whoever sent it gave us more than the 20 dollars. All of a sudden, there was greater hope that everything would be alright. It was not much money, but it was a sign that gave us encouragement as we embarked on a journey into a new life that we knew would be difficult.

We were still in the English Channel the next morning when we went on deck. The sea was calmer and the coastline of England was visible in the distance. Our first port was to be Southampton, in wartime England. Slowly we edged up to the coast past the Dover Cliffs, and into the channel to the port. The ship was moving so slowly that it seemed almost to be standing still.

As we moved up the entry into the port, two massive concrete structures came into view, one on each side. The one on the right stood in the water, about fifty feet from the shore and the one on the left was closer to the river bank, almost out of the water. At first we thought that these were bunkers that protected the river entrance with guns inside them. In fact, they might have been fortified, but as we neared we saw that these two structures were supports for a huge steel chain that had been stretched between them. The ends of the chain were out of the water at their terminal points at the structures, and we could see the chain moving down into the water, to drop low enough to allow the Veendam to pass over it. The chain probably also had steel netting attached to it, so that submarines could not slip into the port, and attack ships at anchor, or at the dock in Southampton. Slowly the Veendam proceeded and soon we saw more obstructions. The masts and funnels of ships that had been sunk deliberately in the river channel stuck out above the water line, obstructing a direct path in the channel. It was the second line of defense against infiltration into the port of Southampton by German naval ships. Slowly the Veendam made its way up the river to the port of Southampton and docked. The port call was not long. There was little cargo to load or unload, since the Veendam was a passenger ship, and only a few passengers boarded.

Within two hours we were on our way out to the open sea again. We passed the sunken ships again, and the chain was lowered for us once more so that we could pass. As we came out of the river into the open sea, a small boat caught up with the Veendam, and a stair was lowered at the side of the ship. The small boat maneuvered toward the stair, and was held to it by boat hooks. Two people negotiated the stair, and despite the ship's slight heaving in the sea, made it on to the deck. A sailor from the Veendam then went down the stair and, one by one, brought up several suitcases. Then the small boat let go of the Veendam and disappeared upriver. Our ship picked up speed and we resumed our journey to America.

After about half an hour, the ship suddenly lurched to one side and began to slow. We were on deck looking at the receding shoreline, when we noticed round, spiked object floating near us. The lookouts had seen them, and that was the reason the ship had lurched and slowed. We were in a field of several floating mines. No one knew if they were placed there by the German, or the British Navies. But that made no difference to anyone on the ship. They seemed to be floating freely and probably had broken loose from their mooring lines nearer the shore. With those harbinger of instant death all around us, the captain of the Veendam became very cautious and advanced very slowly. But we were breathless, and mesmerized by the sight of these floating, spiked bombs that could have destroyed the ship, and us along with it. We later learned from one of the ship's crew that one of the first mines sighted had come within inches of the ship. Once we were past the floating mines, and still within sight of land, we continued to look intently at the sea around us. Who knew what other dangers were out there? We did not speak much. Just a few instances of "What's that, over there?", when one of us saw a bird skimming low over the water, or a piece of driftwood. But as much as we looked, we saw nothing but water, until I saw what looked like a pole sticking out of the water. It was a short pole and did not move with the motion of the sea.

"There's a pole sticking out of the water. It could be a submarine!" I shouted.

Everyone looked, and sure enough, everyone saw the same pole sticking out of the water a little to the right and ahead of us. As the ship drew closer to the object, we could see that the top of the pole was bent and pointing directly at us. It was clear that the pole was a submarine periscope. But whose? We never found out. The periscope kept looking at us as we passed, and all of us commented that it was a good thing that the neutral nationality of the Veendam was prominently displayed on its sides.

It was just about time for lunch as we were leaving the English coast, and after all the fright and excitement of floating mines and a submarine looking us over, we went to the dining room to eat, in the hope that a meal would calm everyone down. Just then, the ship began to heave and roll. As we sat down at our table, the heaving and rolling became more pronounced, and the dining room stewards began to have considerable trouble serving the meal. At first, they had to hold onto soup tureens, so that they would not splash the diners, and then they collected the plates set up on tables for diners who had not arrived, perhaps because they were seasick. They were not fast enough for a couple of tables and plates crashed onto the floor and shattered. Then there was a balancing act of the platters of main dishes by the waiters, which they did rather perfectly, and finally the dessert and coffee was served. On the whole the waiters did very well, and only a few dishes with food were dropped, but none on diners. The heavy weather in the Channel was only a preview of things to come. It was almost the end of October 1939, and we were about to enter the North Atlantic which is often storm filled in the fall and winter. The English Channel was only a sample of what was in store for our crossing.

Time for Reflection

Despite the bad weather and the constant heaving and rolling of the Veendam in the heavy seas, we were relieved to be on board. We had about two weeks sailing in front of us. Although the Veendam was a sturdy ship, it was certainly not designed to while away the time of passengers with entertainment. There were comfortable public rooms to read or play chess in; and the ship's radio operator provided a daily news bulletin and weather report, which we read avidly. But beyond that, and walks on deck when the weather allowed it, there was nothing else to do, particularly for young people like us. That meant that we had much time to think about who, and what we left behind, and what was in store for us when we would land in New York.

We talked about our father, and when he would be able to join us. The way to the west was still open, and we were certain that he would take the same route that we took, or go to Sweden, and find a ship from there to New York. But for the time being, we knew that he had little prospect for obtaining an American visa, and leaving Danzig. There was some comfort that he was not alone there. My mother's parents were still there, and my father's brother Moritz, who was an attorney, and his wife Betty, were still there, as well. In addition, there were several cousins who had not emigrated. But that was only small comfort, because there was no way to know what had developed, and what our father, and others in our family who were left behind, were then enduring. The only glimmer of hope was the quiet war situation. By the end of October France and England had been at war with

Germany for eight weeks, but no real fighting was reported in the ship's news bulletin. It looked as if the war had ground to a halt, and that there was now a stalemate. There were some reports, however, of ships being sunk in the Atlantic by German U-Boats, but the land war had stopped. The boundaries remained as they had been between Germany and France, and we read a lot about how the Siegfried and Maginot Lines, which the news bulletins emphasized, had halted any military movement on the German-French border. My mother thought that there would have to be some kind of agreement between England and France on the one hand, and Germany on the other. Some of the other passengers on the Veendam said that Hitler was not strong enough to fight France, a country with one of Europe's best armies. And, they added, the British navy was too strong for Germany. After almost every one of those discussions the conclusion was always the same: Hitler would keep western Poland, which he had conquered in two weeks, make a deal with the Russians, who had occupied the eastern half of Poland, and proclaim that his goal of expansion for Germany, he called it *Lebensraum,* was satisfied. Then he would make peace with England and France. And the British and French would be glad to agree, because it was more advantageous to scrap the guarantee to Poland, and do the same as they had done with Czechoslovakia, instead of coming to the aid of Poland. To continue the war, and prosecute a protracted conflict would be too costly in men and treasure. There were many political armchair experts on board who believed that.

Obviously, they all turned out to be wrong. Many of them were German Jews fleeing from the Nazis to start a new life in the United States, just as we were, and many had family members who had to stay behind. Almost all of them, in fear for their lives while in Germany, did not understand what had gone so terribly wrong. To every one of them, Germany had been their home, and they had considered themselves Germans.

'Of course," one of them said, "we had anti-Semitism in Germany before Hitler. But it was minor, and it was the same everywhere in Europe. We could cope with that. But we never expected that Hitler would actually carry out the threats he made in his speeches."

He spoke for all of them, as well as for all of us. None of us could grasp the idea that many of our former non-Jewish friends and acquaintances accepted the hatred the Nazis spewed out against Jews, and made it their own. And none of us could grasp the reality that the society in which we grew up, and knew so well, we thought, could turn against us with such vengeance and brutality. It was a hard lesson to learn, but one that remained forever ingrained within me.

Crossing the North Atlantic

The North Atlantic in the last week of October was true to form. It was stormy and dangerous. Although we had no idea that October and November is still hurricane season in the Atlantic, we found out very quickly that the Veendam, and we, were going to be tossed around severely during the crossing. When we left Southampton we had our first taste of heavy seas and howling wind. As soon as we left the English Channel, and entered the Atlantic Ocean, the Veendam began to pitch and roll more and more. The wind was strong, but not yet so strong that it prevented us to go on deck and watch the heavy seas. As we proceeded west the weather became ever worse, and after some days steaming slowly westward, the ship's weather bulletin predicted that the next day we would have a wind velocity of 11 on a scale of 12, with heavy rain predicted, as well. No one went on deck that day. Although the ship was pitching and rolling in frightening ways at times, none of us became seasick. The next day was a little better, and Erich, Roman, and I asked my mother if we could go on deck, just to get some fresh air. She agreed, and the three of us went on deck, and marched around the ship singing loudly. The rain had stopped, the wind was still fierce, although not as strong as the day before, but the fresh air felt good after having been inside for a whole day. There seemed to be no one else who felt well enough to walk on the wet deck that day, so that we had the ship's deck to ourselves. Fortunately, the worst weather was over and after the fierce storm the sea calmed, and the rest of the voyage to New York was uneventful.

Arrival

We arrived in New York harbor at about 2:00 in the morning of November 10, 1939. The announcement of our arrival had been made the day before which meant that most of the passengers, including our little group, slept very little. The Veendam had anchored just outside the harbor in the Narrows, the inlet to the New York port between Staten Island and Brooklyn, and we were on deck looking at the lights of New York long before the ship stopped. The ship was close enough to the Statue of Liberty so that we could see it clearly, and we stared at it, along with everyone else, in sheer disbelief that we actually made it to America. The Statue was brightly illuminated, the lights of Manhattan were twinkling in front of us, and we could see cars with their headlights driving along the shore to our right, which we later learned was Brooklyn. The weather was pleasantly warm, and we stayed on deck until about 6:30 when a small boat approached the Veendam, and tied up. Several men climbed up the stair that had been lowered to the boat. We found out later that the people who came on board were customs and immigration agents, as well as officials from the health department. Then it was time for breakfast on the Veendam for the last time, and after breakfast we went back to our cabin to finish packing our few belongings. At about 8:00 o'clock the anchor was brought up, and the Veendam moved slowly up the Hudson River, this time with a pilot aboard, and an hour or so later tied up to the Holland-America Line dock in Hoboken. During the ride up the Hudson my mother, and aunt were called to be interviewed by the immigration officers. That was a very perfunctory check since our visas were in order, and we had only minimal possessions.

There was a lot of confusion on deck after the ship docked, with passengers greeting their friends and relatives who had come to meet them. In that confusion we lost sight of Roman, who disappeared. We looked everywhere on deck but could not find him. We went through the ship's public rooms and our cabin and asked the ship's personnel who remembered who he was, but had not seen him. All we could do at that time was to presume that he met his relatives, and left with them without saying goodbye, because of the emotion and confusion of arriving after our long journey.

Soon after the ship arrived, we were met by my mother's brother, Uncle Hans, who had been waiting for us on the dock. He had arrived in the United States only the year before, after having escaped during interrogation by the Nazis in Berlin. My mother told us that Uncle Hans had been arrested by the SA, the Brown Shirts, and taken to the Brown House, their headquarters, in Berlin for interrogation.

Uncle Hans was a doctor and lived and worked in Berlin as a practicing physician since sometime in the 1920's. He was married, but had no children. During the interrogation he was being held in an office in the Brown House. At one point in the interrogation the interrogator left the room. That left Uncle Hans in the room with only a secretary. He promptly asked the secretary where the men's room was located, and she told him to go out the door, and down the hall. She allowed him to leave the room alone, probably because the building was well guarded and the likelihood of escape was not considered possible. As soon as he was out of the office he pinned on his Iron Cross that he had brought with him, and that he had been awarded for his service in World War I, went to the street exit, and asked the guard for a restaurant to have lunch, telling him that he had just been transferred to Berlin.

The guard gave him directions to a restaurant and Uncle Hans followed them and then, when out of sight of the guard, made his way to his garage to get his car. He then telephoned his wife, told her what happened, and drove directly to the Czechoslovak border. and then continued on to Prague. His wife, unfortunately, was later arrested by the Nazis, but subsequently released, and also came to the United States a year later.

We were very happy to see Uncle Hans when he came on board to escort us off the ship. He was family, and we felt comforted to be with someone who was familiar with our new surroundings. However, we still had to go through customs inspection. As we came off the gang-plank there was a Customs officer waiting for us. The first thing he did was to ask if we had any food items. After my Uncle translated for my mother, she said that she had two oranges and some cheese that she had taken from the dining room at breakfast. The Customs Officer asked for them, and said that food items were not allowed to be brought into the United States, and he took them from my mother. Then he asked if we had any dutiable goods. Since we had very little luggage, he very quickly determined that we carried nothing that required customs duties, and he allowed us to proceed. It was a great sense of relief for all of us when we finally entered the United States.

We picked up our small suitcases, and I asked to go the

bathroom. Uncle Hans directed me to it, and as I stood at the urinal, a very large black man came and stood at the urinal next to me. That was the first time I had ever been next to a black man. It was quite a surprise. There were no resident black persons in Danzig, but once when we went to a circus, there was a black performer, who was the only black person I had seen, and then only from a distance, until the encounter on the dock in Hoboken.

When I returned from the bathroom, we followed Uncle Hans along the pier and down some stairs to the street, where he had parked his car. The car turned out to be a very small, old coupe with a rumble seat. My mother, Aunt Ruth, and Uncle Hans crowded into the front bench seat, and Erich and I were given the rumble. With suitcases on our laps we were ready to go. Uncle Hans pressed the starter in the little car, it was probably a 1934 or 35 model, but the engine did not catch. He tried again, and again nothing happened. Uncle Hans then looked out the side window, and asked us to get out of the rumble seat and push the car to get it started. Fortunately the street was a bit downhill and Erich, and I, were able to push the car easily. Immediately the engine started, coughed, and then ran without a problem. Uncle Hans stopped the car, we climbed back into the rumble, and off we went to New York City. It was a wonderful ride looking at the New York skyline, with its tall buildings, from our open air vantage as we crossed the George Washington Bridge, and then through Manhattan to West 92nd Street, where Uncle Hans had rented us a room in an old brownstone. That was our first residence in the New York, and we stayed there for about two weeks.

New York

We were amazed at the size of New York. Erich and I thought that Berlin was large, but the ride through the city showed us that New York was much larger, had much taller buildings, more cars, and many more people. When we arrived at our rented room, the first concern my mother had was for my father. We had not heard from him in over three weeks and we all wanted to know that he was well, and what the possibility was of leaving Danzig and joining us. She wrote him a postcard to our old address in Langfuhr immediately, relating all that had happened, but did not mention the incidents at the German border, and she asked him to reply immediately.

In addition to Uncle Hans, my father's brother, Joseph, had also immigrated to New York. He was also a doctor who had come recently, but obviously with some personal funds, since he had a spacious apartment on Central Park West, overlooking Central Park. I am not certain that he had passed all his exams to be able to practice in New York when we arrived, but he and his wife seemed financially secure. Uncle Joseph was somewhat remote, but his wife was friendly and pleasant, and invited us to watch the Macys Thanksgiving Day parade from her apartment, and then to dinner. She also remembered my 11th birthday, my first in the United States, six days after our arrival in New York, and left a cake with a birthday card that we found in front of the door of our little room when we came home from some errands; and she was the one to mention that my first name, the very German Gerd, would not do in America. She suggested that I use my middle name, Michael, instead. It was a suggestion that I immediately accepted, and never regretted.

To help us financially, Uncle Hans had contacted the HIAS (Hebrew Immigrant Assistance Society), because that organization was committed to assist indigent Jews coming to the United States. We certainly qualified as indigents because between the four of us we had only $30, not enough to last more than a few days. HIAS helped immediately by paying the cost of the rented room, and by giving us a small allowance for food. But HIAS also had a demand that we had to follow if assistance was to continue until my mother found a way to support us. They told my mother and aunt that there were no jobs in New York because of the ongoing depression, and that we had to go to another city. They said that we had to go to St. Louis, where both my mother and aunt would be able to find work. That was a blow for us. My two uncles, as well as a cousin, Irma, were all in New York. And we felt that given the difficulty of language, the need to understand how to deal with our new, unfamiliar situation, we wanted to be near family that could give us the guidance that would make our adjustment to America easier.

Leaving New York, therefore, where there was family, was not an easy thing to do. Going to St. Louis, about which we knew absolutely nothing, meant separation from the few family members we had in America with no one to give us any support, and advice on how to deal with our new situation. My mother and Aunt Ruth were the ones to make the decision of whether to stay in New York, or go to St. Louis. After some discussion, both of my uncles recommended that we do as the HIAS demanded. In the final analysis, it was money that decided for them. After a short two weeks in New York we were on a bus headed for St. Louis.

The bus ride was a long one. We spent two days and a night on the bus, stopping for meals and sleeping on the bus. The passengers on the bus were a jovial group, singing songs much of the time to relieve the boredom of the long, unending ride. One thing that the bus ride did for us, however, was to give us an opportunity to realize the vastness of the country. To travel for two days and one night and still not have crossed the whole country was a great source of amazement to us, since we were used to Europe, where countries were small in comparison. My mother also commented on the good roads on which the bus traveled. That was something else that was different.

Many of the European roads we knew, specifically those around Danzig, were paved with paving stones that made travel by car or horse drawn wagon bumpy and uncomfortable. The roads on which the bus traveled to St. Louis were paved with asphalt, and relatively smooth and reasonably comfortable.

St. Louis

We arrived in St. Louis at the end of November 1939. The Great Depression was still a major problem, and life remained difficult for many because the unemployment rate was very high. A HIAS representative met us at the bus station, and told us that she had rented us rooms in a private home, and that our immediate needs for rent and food were covered. When we arrived at our new lodgings we were greeted by the family that owned the house. The husband was the owner of a jewelry store, and he was there with his wife and daughter. They had a large house, and had two unused rooms that we moved into. One was for Aunt Ruth, and the other, larger one, was for my mother, brother and for me.

The family was cordial and caring, and asked us if they could do anything for us, which my mother declined with thanks in the few words of English she had picked up during the past two weeks. Then we unpacked our few belongings and settled in.

The first item on the agenda was for Erich, who had also anglicized his name to Eric, and for me, to start school. Neither Eric nor I had a useful command of English, although we had tried to learn it from a basic primer before we left Danzig. As a result we wound up in classes below our age level when my mother registered us at public school. But that did not last very long. Our ability to speak and read English improved rapidly and soon we were in classes with our age group. My mother also enrolled us in the local "Y" in order to keep us busy during the afternoons when school was out, and to keep us occupied with doing useful things, like sports, and programs that the "Y" offered.

I don't believe that membership in the "Y" was free, but I know that my mother did not pay anything for us, and it was probably the HIAS, or someone else who covered the costs.

St. Louis was a dirty city in the winter, which began soon after our arrival there. The reason was that everyone burned soft coal for heating. Walking down the street for just a block or two, was enough to require a thorough washing of face and hands. Clothes were permeated with coal dust, and ash, and they smelled badly, requiring frequent washing. The city had a public transportation system with streetcars that had pot bellied stoves also burning soft coal in the winter, which, of course, contributed to air pollution. On the major street nearest to where we lived there was also a jitney system of cars that drove along Delmar Street, a straight thoroughfare that went from the suburbs to the city center, picking people up for 15 cents, either to go downtown or uptown. The summer we spent in St. Louis was very hot, but much better, because the coal dust was gone, and the air was much cleaner.

After a few weeks, my mother became acquainted with a family that had a country house, actually it was a small horse farm, just outside the city limits, and on two or three occasions during the spring and summer we were invited to visit. In order to do that, we had to take a streetcar to the end of the line, and then walk about a mile to get to their farm. On one of those visits our hosts asked one of their hired people to get something from a store that required driving. The hired man was a jovial, and kind, black man, who asked if I wanted to come along. I was excited to do that, and asked my mother if I could go. She gave her consent, and I climbed into the front seat of the car. Off we went along the highway with the hired man singing, and having a great time. After about ten minutes, he asked me if I knew how drive a car. I told him that I did not. He said for me to hold the steering wheel, so that I could learn. I moved over to be closer to the steering wheel, and took hold of it. Unfortunately, I was very bad at steering the car, and almost drove it off the road. The driver quickly took back the wheel with a laugh saying,

"You were heading straight for that telephone pole. You need a lot of practice."

Although I was not very good at driving, it felt good that I had tried. Of course, when we returned, I did not tell my mother who would have been angry and might have complained to our hosts.

It was in St. Louis that I worked at my first job, as well. Soon after arrival, I noticed that young boys close to my age delivered newspapers to homes, and also sold them on the street. I thought I could do that, as well, and asked a local newspaper vendor on a nearby street comer if he would hire me to sell newspapers. He looked me over and thought that I was old enough and said, "Yes". At first, I borrowed a little wagon from our landlord and pulled it through local streets selling newspapers the vendor gave me for sale. I must have done well doing that, because soon the vendor asked me to replace him on his street comer whenever he had something to do that took him away from his stand. I did that for a few months during the spring and summer of 1940, and earned a few dollars that I gave to my mother.

The year in St. Louis was also one of feverish concern for what was happening to my father. We received postcards from him at irregular intervals. One told us that he had to move from our apartment in Langfuhr, to a much smaller place somewhere in the center of the city, and had to share it with others. He asked us to send him clothes and soap, and anything else that we could send. My mother used the little money that we had to buy clothes and the other items he asked for, and we all went to the post office to send it to him. His postcards after that first one sounded increasingly desperate, and he never wrote that he received our packages, although we sent several while he was still in Danzig. Then there was a long period when no mail came from my father. Finally, another postcard arrived, this time from the Ghetto in Warsaw. He had been deported, and was living in extremely crowded quarters, with limited sanitary facilities, and asked again for clothes and anything else that my mother could send. With the new address in hand, my mother sent him several packages, and only one, to my recollection, arrived.

His situation was now hopeless. Shortly after we received his first postcard from the Warsaw Ghetto, we were told that his American visa was available to be issued. Too late! He could not get to an American Consulate, since there was none in the Ghetto, and he was prohibited from leaving it. In the hope that my father would still be able to leave for America before he was deported to Warsaw, my mother had obtained a gift of $300 from a total stranger that was to pay for his passage to America. But once he was in the Ghetto, my mother realized that he would never be allowed to leave it, and she reluctantly, and with sadness, returned the $300. Now there was no way out for him, for once in the Ghetto, it was impossible to leave it. He had to remain in the misery of confinement under horrific, inhuman, conditions. America was still at peace in 1940, and a few more postcards arrived while we were still in St. Louis, asking for anything that we could send, because, he said, he would sell anything that he could not use himself. As far as we could tell, none of those later packages that we sent to the Ghetto ever arrived.

Although Aunt Ruth and my mother were very actively looking for work, there was none to be found in St. Louis. For that reason Aunt Ruth decided to return to New York. Once she arrived there, she found work almost immediately in a factory that produced ladies undergarments, and wrote my mother that work was available, and that we should return to New York, as well.

By then it was the winter of 1940, and my mother decided that St. Louis, although very hospitable in many ways, was not a place where she could support the three of us, and made plans to join my aunt. By December we were back on a bus headed to New York.

Back in New York

The bus trip back to New York was similar to the one to St. Louis. We were in the road for two days and one night, sleeping on the bus, and stopping every few hours for a rest stop. The rest stops were always at restaurants along the highway that were of uniformly poor quality. But then we could not have afforded to eat in better restaurants, and were happy to get out of the bus, stretch our legs, and eat something, no matter what the food was like. When we arrived in New York, Uncle Hans was waiting for us at the bus station. He still had that little car that he had when we arrived on the Veendam, but this time it started right up when we got in, and there was no need to push it.

Uncle Hans had moved to Astoria in Queens, just across the East River from Manhattan, where he had opened his medical office, and was beginning to have patients. We stayed in his apartment the first night, which also included his office and examination room. After our first night in his apartment, he told us that he had rented a room for us not far from where he lived.

We moved into the rented room the next day, and my mother began to look for work in men's clothing stores. She soon found a position in the alteration department in one of the men's stores. The pay was minimal, even for those dismal economic times, only $13 a week. But it was enough to allow her soon to rent a small apartment on Steinway Street in Astoria that had one bedroom, an antiquated built in kitchen in what was also the living and dining room, and an old style bathroom. It was not much of an apartment, but it was the first home that we had in

America that was not a rented room in someone else's home, and it made us happier than we had been for a long time.

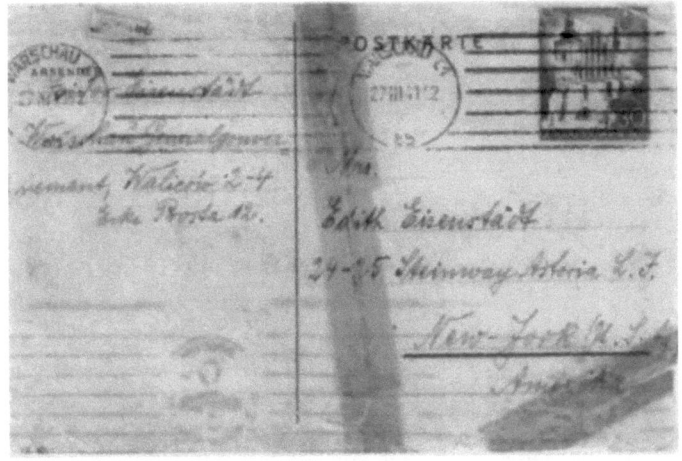

The last postcard from my father from the Warsaw Ghetto dated March 27, 1941.

Devastating News

After having been in America for a year, both Eric and I spoke English fluently, and it was time to go back to school. Eric went to Junior High School 121, and entered the seventh grade, and I went to Public School 69, and entered the fifth grade. In those days we all walked to school, no matter how far it was or what the weather was like. There were no school buses. My elementary school was old, and had very few amenities. There was no lunch room, and in warm weather we all sat on the ground in the schoolyard to eat our lunch, which we brought from home. In the winter we sat in a big hall that was considered a gym, but had no equipment. Nevertheless, I was glad to be there, did well, and thrived in the year and a half that I spent there.

At the same time that we were settling into our new school environment, we received the devastating news that my father was dead. It was Uncle Hans who told us. We knew that conditions in the Warsaw Ghetto were excruciatingly bad. What Uncle Hans told us, was that Irma's mother, who had also been departed to the Warsaw Ghetto, wrote to Irma that my father had passed away. Nothing more. We had heard that there was an epidemic of typhus in the Warsaw Ghetto, and typhus may well have been the cause of death, but it could also have been starvation, or being shot by the Nazis who controlled the Ghetto[6]. There was no further information. My mother immediately contacted the Red Cross to try to determine the circumstances of his death, to no avail.

My father disappeared without a trace of his existence,

with no record, except for the letter from Irma's mother. It was a traumatic time for all three of us, but my mother was the most devastated. Of course, she knew that once in the Warsaw Ghetto, the chance that my father would leave from there was practically nonexistent. But to die or be killed was an event that all of us had hoped would never happen. Although my mother never said so directly, she had strong feelings of guilt because she was not with him during his terrible ordeal. But she also knew that there had been no other choice that she and her husband made to leave, and take Eric and me out of Danzig while the opportunity still existed. Eventually, with time, the guilt feeling dissipated somewhat, but it was always there, lurking in the background of her mind. Every once in a while throughout her life, my mother would refer to something that happened that included my father. Then she would sigh, and end with the thought that life would have been different had he been with us. It was probably not just the nagging pain that bubbled to the surface when memories flooded her mind, but also the fact that she had been alone for decades, without a partner to confide in, and to comfort her. My brother and I tried to help in many ways, but we were no substitute for a husband, a best friend, partner, and a confidante.

It was not long after the news of my father's death in 1941 that we moved a block away from Steinway Street, which is a busy commercial street still today, to 38th Street. My mother had changed her job to a better one that paid a little more, and she felt that we needed to improve our living conditions.

The new apartment was still very basic, but an improvement over the Steinway Street lodgings. In the old apartment we were on the fourth floor, and had one bed-room, and an old built in kitchen, and similarly old bath-room. The new apartment was on the fourth floor, as well, but had a larger bedroom, a newer bathroom, and although the living room had a built in kitchen, as well, it was newer and much larger. The apartment had windows that looked out to Manhattan, and we could see the mid-town skyline very clearly, because we were high enough to look over the roofs of most of Astoria's buildings. The street was quieter because it was residential, and both Eric and I quickly learned how to play stickball, which was the game of choice for the boys in the neighborhood. As we got to know our surroundings, we found that 38th Street was a mixture of nationalities and religions. There were Irish, Russians, Germans and Italians, and Catholics, Protestants and Jews, all living well together. Down the street, on the corner of 38th Street and Astoria Boulevard there was a candy store owned by a Jewish family where all the boys gathered after a game of stickball in the street, to have a soda at the fountain for five cents. Sometimes we would go down toward the East River to Astoria Park to play baseball or softball, or would go under the Tri-Boro Bridge to play basketball.

A few months after we moved, the Japanese attack on Pearl Harbor took place. We were in Brooklyn that Sun-day, visiting a distant cousin, whose husband was the su-perintendent of a large apartment house, when the radio program we were listening to was interrupted by the news flash that the Japanese had attacked Pearl Harbor, and that they had caused great damage. There was stunned silence. We knew immediately that the war had begun for the United States, and that we would soon be fighting in both Asia and Europe. The signs leading to war had been visible for some time. It was just a matter of when and how it would start. Now we knew. After a short discussion with our cousin and her husband, we said our goodbyes, and hurried back home to our small apartment in Astoria.

In School

I graduated to Junior High School 121 soon after we moved to 38th Street. Eric had already graduated from there, and he was just about to enter William Cullen Bryant High School. Junior High was a two year school at that time, and they had what they called rapid advance classes. Those were for pupils who excelled in the various tests, including the intelligence test, and those classes had a somewhat more advanced curriculum. My test results seemed to have been sufficiently high, and I was placed into a rapid advance class, but I did not find the work in that class particularly challenging. My recollection of my time at 121 was that I was looking for something beyond classroom teaching, but was not sure what that should be.

There were bullies in the school. One morning as I came into the schoolyard, an older rather muscular looking boy, who I knew lived on my street, and who apparently had been left back perhaps more than once, made fun of a younger boy who had a cast on his leg, and walked with difficulty. I felt that was wrong, and told the bully to stop picking on someone who could not defend himself. The bully did not like that, and challenged me to a fight outside the schoolyard at lunchtime. I immediately agreed, although I knew that the bully was older, and would probably beat me. At lunchtime he was in the street waiting for me ass I came out of the schoolyard. He had obviously advertised that he was going to fight me, because there was a crowd of kids standing in a circle waiting for the fight to begin. I had a few of my friends along, as well, who told me not to fight because the bully was obviously the stronger. But having once agreed, I felt that I could not back out. As I came to the circle of kids, it parted, and I went in to fight the bully. I was right, he was much stronger, and hit me more often, and with more force than I was able to. But the fight did not last long. The yelling and screaming that the circle of boys watching the fight produced caught the attention of the teacher whose job it was to monitor the schoolyard. Although we were out in the street, he ran over, stopped the fight, and told both of us to report to the principal's office. I went to the principal's office, and was warned not to be involved in any more fighting, and was told to go to my class. I don't know what happened to the bully, but I did not see him for several days after that. Although some of the boys who watched the fight told me that I did not do too well, the boy with the cast on his leg thanked me, and said that he was sorry that I got into trouble with the school.

Shortly after my boxing match, D-Day, the invasion of Normandy, took place. I wanted very much to have been a part of that operation, but at fifteen I was too young to get into the military, and could only wish, and hope, that the Nazis would receive a thorough beating, and that the end of the war was not too far off.

Summer vacation from school was not so much a time for sports and swimming, as it was the continuation of my job at Saks Fifth Avenue, where I had been a part time stock clerk in the ladies shoe department since I was legally able to work with working papers, after I turned fourteen. Before then, I delivered chickens on my bicycle from the live chicken market not far from where we lived in Astoria. That was not a legal job, because I was too young to be employed. But I was tall for my age, and the chicken market owner obviously wanted cheap delivery boys, and I was in that category. The reason I was able to get the job at Saks, was that my mother worked in the men's alteration department of the store, and she arranged it. The job paid very little, but it was pocket money that my mother did not have to provide.

Eric worked at Saks, as well, although I don't remember what department he was in. Eric continued to work at Saks until he graduated from high school in June of 1945. The war still on with Japan, and Eric decided that instead of being drafted, he would join the Navy. He went through training for torpedo boats in Massachusetts, and then was sent to Piney Point, Maryland, for more torpedo training, and eventual assignment to an aircraft carrier that was under construction. Because the war with Japan ended in August 1945, the aircraft carrier was never completed, and Eric was soon discharged.

In 1946, he entered the uptown Hunter College campus under the GI Bill. Hunter was originally a woman's college that converted to co-ed when there was a large influx of WW II veterans applying for college. He studied accounting, and when he graduated with his BA, he began work as an accountant. However, he continued his studies at Brooklyn Law School at night. During that time he also took the exam for Certified Public Accountant, and passed that. Upon completion of his studies at Brooklyn Law, he passed the Bar Exam, and began practicing law.

It was during the time that Eric worked at Saks that he met Carrie Matera. After a period of courtship during his studies, and beginning his career, Carrie and Eric were married, but much later divorced. They had three children, Peter, Daniel and Jane. Eric had a thriving law practice when he passed away at the early age of 68.

The Later Years

After high school and college, I began studies in German history for the master's degree at the University of Wisconsin in Madison. The main reason why I chose German history was because I wanted to understand better why and what happened during my young life. I did get the facts during my studies there, but the personal understanding came only later.

It was the period of the Korean War, then called "police action", and after completing my masters, I was drafted into the army. Because of my fluent German I was assigned to Germany. The occupation was still in force at that time, so that I came to Germany as an American soldier occupier. As such, I came as a totally different person then when I left Germany in 1939. The moment the military troopship I was on docked in Bremerhaven, I felt liberated from an oppressive past. I felt a new freedom. It changed my perception of Germany. It was not that I could forgive what happened, quite to the contrary, the liberation I experienced brought back memories that had long lain dormant. But from that moment I was able to look at Germany, and Germans, from the point of view of a victor, as an American returning to a country that had expelled me. I was equal and more. I was no longer the victim of the German Nazis; the Nazis who had thrown Jews out of Germany, including my mother, brother and me, and had killed my father, paternal grandparents, and many others in my family, as well as all those millions of others who were innocents, just because they were Jewish. That allowed me to look at Germans in a new light, one that was not vengeful anymore, but not benign either.

After 2 years in the army, assigned to Berlin, I was discharged, and entered the Russian Institute at Columbia University in New York, and studied Russian history for two years. During my studies at Columbia, I began teaching European history, with a specialty of Russian history, at Queens College in New York, which was my alma mater. To my surprise, at the height of the Cold War, with the Soviets cutting off Berlin, and requiring the United States to organize the Berlin airlift, Russian history was not in the curriculum at Queens College before I arrived. When I left Queens, it was an established course, and remained in the curriculum.

I taught at Queens for five years, and then entered the Foreign Service of the United States Information Agency in 1960. The year before, I married Mary Lou Gories. After three decades of marriage, however, we separated and then divorced in 1989.

USIS, as it was known overseas, conducted all the cultural and informational work in our embassies around the world. During my second overseas assignment to Guyaquil, Ecuador, Mary Lou and I adopted Lucy, our only child. I remained in the Foreign Service until my retirement in 1992.

In 1990 I met Joyce Hearst, and we have remained together as partners, companions and best friends since then. Nothing has given me more joy and happiness than having had the good fortune of being with her.

My mother continued to work at Saks Fifth Avenue's men's alteration department until she retired in her early 70's. She lived alone, but close to Cousin Irma, and they helped each other, and were good companions during their later years. My mother enjoyed traveling before and after she retired, and came to visit in every one of my overseas posts. She passed away at the age of 91.

After retirement I went back to academia, and taught courses on foreign policy at New York University, and for two years was Senior Research Fellow at the East European Institute at Columbia University. At the same time I was actively involved with an ecumenical foundation that works in all parts of the world to strengthen and bring about religious and human rights.

Last Thoughts

Perhaps because of my early experiences that remain as vivid in my mind as if they happened only yesterday, I have been a promoter, and sometimes only a quiet champion of the oppressed. I have helped Polish Jews to immigrate to the United States, when in the late 1960's they faced losing everything because of extreme anti-Semitism. I succeeded to free a Muslim American-Yugoslav from a Montenegrin jail, when he was arrested without cause, and I reconciled myself with Germany and Germans. That reconciliation helped me a great deal by expanding my understanding of the miracle of forgiveness.

None of the above could have been possible without the three most dominant factors that shaped my life; My father's great courage in insisting that my mother take my brother and me to safety; My mother's courage that allowed her to do that, then her sacrifices to support us through our school years, as well as her innate knowledge that we had to have a higher education; and the fact that all was only possible because America, no matter what its faults, is a country that ultimately promotes diversity, and rewards those who strive to improve themselves, and those around them.

My personal history has been one of tremendous grief and hopelessness during my early years. But as I grew out of my teens and into adulthood, I recognized the possibilities that were available to me. My father and mother prepared me for the opportunities that awaited me. America provided them. I am forever grateful.

Annotations

1   This was the precursor to the shipyard in the later Polish Gdansk that gave birth to the trade union movement, Solidarnosc, which was instrumental in the removal of the Polish Communist government.

2   Before WW I American visas were strictly apportioned in a quota system based on a percentage of the number of Americans descended from a particular country. As a result, there was a long wait for an American visa on the Polish visa quota, because there were only a relatively small number of Polish-Americans in the United States at the time, and the demand for visas was great. That meant that the number of visas that could be issued to Poles in any one year was too small to meet the heavy demand.

3   Many years later, when I was stationed in the American Embassy in Bonn, before the reunification of Germany, I met one of the 1939 cadet crew of the "Schleswig-Holstein" who told me that they were ordered to fuse ammunition before they entered the harbor of Danzig, something that happened frequently as a training exercise, and were surprised that the order to defuse the ammunition was never given.

4   After we came to the United States, I remember seeing a series of photos taken in Danzig that appeared, I believe, in Life magazine. One of the photos showed the Polish Major who was the commander of the Polish garrison on Westerplatte and his German captors. The caption pointed out that the major

had his sword   returned to him by the German commander, because of the valor that he exhibited in the defense of Westerplatte.

5   The Polish Corridor was the narrow strip of territory between Danzig and Germany that the Treaty of Versailles (1919) gave to the former Poland to have access to the Baltic Sea, and allowed for the port of Gdynia to be built.

6   While stationed at the American Embassy in Warsaw at the end of the 1960's, I tried to find my father's grave in the Jewish cemetery, where many who died or were killed in the ghetto are buried, but was unsuccessful.

Deutsche Übersetzung

Kindheitsfantasien

Der Bahnhof in Danzig war von der Art, wie man sie in vielen nordmitteleuropäischen Städten vor dem Zweiten Weltkrieg fand. Das Hauptgebäude hatte einen Turm mit Zifferblättern an jeder der vier Seiten, darüber einen spitzen Helm als Dach. Der Turm und sein spitzes Dach stachen mit ihrer großen Höhe heraus aus der niedrigen Skyline und waren Wahrzeichen in der alten Hansestadt. Für mich sah der Bahnhof alt und beeindruckend aus, verwurzelt in der Vergangenheit. Ich war ungefähr vier, als ich ihn in den frühen dreißiger Jahren zum ersten Mal sah, und danach war alles anders. Eigentlich war der Bahnhof nicht alt, er sah nur so aus für mich. Er war in der zweiten Hälfte des 19.Jahrhunderts gebaut worden, in einem pseudogotischen Stil, mit gewölbten Decken und riesigen Kathedralenfenstern. Baumaterial war ein charakteristischer dunkelroter Backstein, typisch für die Gegend, und er war eins der drei größten Gebäude in Danzig, zusammen mit dem Rathaus und der Marienkirche. Drinnen gab es eine große Haupthalle mit einem Restaurant auf der rechten Seite, das das Innere des Gebäudes mit Bratendunst durchdrang. Es war der einzige Ort in der Stadt, an dem es ausländische Zeitungen und Zeitschriften zu kaufen gab, hauptsächlich als Zugeständnis an Reisende, die mit der Bahn aus weit entfernten Orten wie Berlin, Rom, London, Paris und Wien nach Danzig kamen, daneben auch für die paar Leute, darunter meinen Vater, die sich für Ereignisse außerhalb der alten Hansestadt interessierten. In meiner kindlichen Sicht war der Bahnhof die Verbindung zum Rest der Welt.

Jedes Mal, wenn mich mein Vater in den Bahnhof mit-nahm, hatte ich das Gefühl, eine andere Welt zu betreten. Der Bahnhof war geradezu exotisch, mit einer Atmosphäre von geschäftigem Kommen und Gehen, mit Kellnern, die eilig vor Abfahrt der Züge Getränke und Mahlzeiten servierten, Lokomotiven, die Dampf ausstießen, mit den Pfeifen der Zugführer und dem lauten Heulen der Dampfloks, das An- und Abfahrt anzeigte. Dies war ein Ort, an dem sich die Dinge schneller zu bewegen schienen, ganz anders als in der langsamen, traditionsreichen, altertümlichen Stadt.

Es war für mich der aufregendste Ort in Danzig. Mein Vater nahm mich oft mit sich, wenn er eine jener ausländischen Zeitungen kaufen wollte, oder Players Zigaretten aus England. Er war nur ein Gelegenheitsraucher, und es war für ihn ein großes Vergnügen, Players Zigaretten zu kaufen, nicht nur, weil er sie mochte, sondern auch, weil in jeder Players-Schachtel Bilder waren von Kriegsschiffen aus Großbritannien oder einem anderen Land, die mein Bruder Erich und ich sammelten. Irgendwie schafften wir es sogar, das Album von Players zu bekommen, in das all diese Bilder von Kriegsschiffen eingeklebt werden konnten. Mein Vater bestellte es, nachdem wir ihn darum gebeten hatten, so dass wir alle Bilder ordnen konnten, die wir gesammelt hatten.

Eine der Eigenarten von Danzig war, dass eine Menge Leute in Cafés saßen, bei einer morgendlichen oder nachmittäglichen Tasse Kaffee und einem üppigen, cremigen Kuchen, oder sie standen im Gespräch mit einem Freund oder Bekannten auf der Straße. Es gab nur wenig Autos, hauptsächlich schwarze Taxis, mit einem schachbrettartigen Schwarzweißstreifen ringsherum; sie schienen nicht schneller zu sein als die Tram. Es gab noch weniger

Lastwagen, keinerlei Verkehrsampeln, ein paar Fahrräder und viele Pferdewagen. Aber der Bahnhof war anders. Er bildete einen scharfen Gegensatz zu den vorhersagbaren und steifen Gepflogenheiten der kleinen, ehrwürdigen Stadt, die ihren Platz fest verankert in der Geschichte sah, einer Geschichte, auf die ich stolz hingewiesen wurde, zu Hause, noch bevor ich zur Schule ging, und als ich zur Schule ging, vom allerersten Augenblick an.

Erinnerung

Während der frühen 30er Jahre war Danzig wie schon immer unverändert. Es ging ordentlich und korrekt zu. Was auch immer an Gefahr vorhanden war, meine Eltern glaubten, dass sie kontrolliert wurde. Und damit war für sie keine bevorstehende Bedrohung für uns als Juden gegeben. Es ist ihnen hervorragend gelungen, meinem Bruder und mir eine sehr positive Einstellung gegenüber der Zukunft zu vermitteln. Zugleich brachten sie uns bei, Gefahren zu erkennen, denen wir im täglichen Leben begegnen könnten. Aber junge Burschen brauchen mehr als die Alltagsroutine. Oft teilen sie nicht die Interessen der Erwachsenen. Sie mögen ein bisschen zu viel Phantasie haben und schätzen die Gefahren nicht richtig ein, die um sie herum sein können, bis sie ihnen Auge in Auge gegenüberstehen. Meine Träume waren zeitweise mit dem Danziger Bahnhof verbunden. Er sah so alt und imponierend aus, gerade wie die Bürger („the burghers"), und weil er für die Ewigkeit gebaut war, hatte er etwas Vorhersagbares an sich. Für die Ewigkeit, gerade so, wie die gesetzten, älteren Herren mit ihren steifen Kragen, oder die Damen mit ihrer dazu passenden Kleidung. Es schien so, als würden sie immer dort sein. Für einen für Eindrücke empfänglichen Jungen war der Bahnhof einer der wenigen Plätze in dieser ruhigen Stadt, die etwas Geheimnisvolles und Aufregendes an sich hatten. Wenn ich im Bahnhof war, schien es, als wenn der Rest der Welt nicht existierte. Ich hatte das Gefühl, dass es etwas Ähnliches war wie der Hafen in einem früheren Zeitalter, als es dort viele Handelsschiffe gab, die zu weit entfernten und exotischen Orten gesegelt waren und rare Gewürze und Seide zurückbrachten. Für mich waren die Züge, die vom Bahnhof aus in die glitzernden Hauptstädte Europas fuhren, gerade so wie die alten Segelschiffe. Sie kamen zurück mit Menschen, die Englisch, Französisch oder Italienisch sprachen, und die anders aussahen und gekleidet waren, und andere Verhaltensweisen an den Tag legten. In der Vorstellung eines Jungen waren die zeitgenössischen Städte wie London, Paris und Rom mit den gleichen Qualitäten ausgestattet, wie die Städte und Länder, die von jenen alten Segelschiffen besucht worden waren. Die Züge, die mit großem Dampf und Rauch und Radau in den Bahnhof einfuhren, ließen die Einbildung in große Höhen wandern. Für einen provinziellen Jungen in einer überschaubaren und sachlichen Stadt wie Danzig war es ein Ort zum Träumen.

Das war eine andere Zeit, als ich diese Träume träumte von weit entfernten Städten. Während dieser ruhigen Jahre hoffte ich oft, ich würde eines Tages in einem dieser Züge sein, auf dem Weg zu einem wundervollen und weit entfernten Platz. Es gab immer große Aufregung und Erwartung, wenn meine Eltern mit mir zum Bahnhof gingen. Vielleicht würde ich eines Tages mit einer dieser schmuck aussehenden Eisenbahnen abreisen, vielleicht mit einer durch unseren kleinen Vorstadtbahnhof donnern, und dann in der Ferne verschwinden ohne jemals zu stoppen oder langsamer zu fahren. Es war ein wundervoller Traum. Aber das war nichts als Phantasie wie sich herausstellte. Als es Zeit war, meinen Zug zu nehmen, war mein Bahnhof und meine Heimatstadt ein Platz voller Tränen.

Eine informelle kurze Geschichte von Danzig

Danzig wurde zu einem frühen Zeitpunkt seiner Entwicklung zu einer Handelsstadt. Von der Mitte des 14.Jahrhunderts an war Danzig Mitglied der Hanse, eines wichtigen Zusammenschlusses von unabhängigen Stadtstaaten an den Küsten von Nord- und Ostsee zwischen Holland und Russland. Danzig war die größte Stadt innerhalb des Bundes und wurde eines der beiden führenden Schiffbauzentren. Wahrscheinlich dadurch bekam die Stadt den Status des wichtigsten Handelsplatzes an der Ostsee. Doch Mitte des 18.Jahrhunderts, mit dem Aufstieg der Nationalstaaten und dem damit einhergehenden Bedeutungsverlust der unabhängigen Stadtstaaten, verlor Danzig seine wirtschaftliche Leistungsfähigkeit. Es blieb Seehafen, Umschlagplatz für Getreide, Holz, Hering, aber die Hanse verlor ihre politische Bedeutung, und die Stadt wurde zunehmend provinziell. In der Zeit, als ich in Danzig lebte, gab es nur noch eine Schiffswerft, die Schichauwerft[1], in der damals nur ziemlich kleine Schiffe gebaut wurden.

In Wahrheit war der Name „Freie Stadt Danzig" ein Anachronismus. Er schien sich auf die Zeit zu beziehen, in der es in der Hanse und in ganz Europa viele unabhängige Stadtstaaten gab. Das Wort „Frei" im Namen der Stadt ging auf einen Beschluss des Völkerbundes nach dem Ersten Weltkrieg zurück, es sollte zeigen, dass Danzig weder zu Polen noch zu Deutschland gehörte. Es war offensichtlich, dass die Siegermächte des Ersten Weltkriegs Danzig zu einem unabhängigen Stadtstaat machen wollten, weil es eine deutsche Stadtbevölkerung und eine viel kleinere polnische Umlandbevölkerung gab; beide, Deutschland und Polen, wollten Danzig als Teil ihres Staates haben. Da Deutschland den Krieg verloren hatte, bekam es nicht die Kontrolle über Danzig, ebenso wenig wie Polen, wahrscheinlich weil es vor dem Ersten Weltkrieg nicht als souveräner Staat existiert hatte und in Versailles 1919 nicht als eine der Siegermächte auftrat. Ein weiterer Grund für die Schaffung des Mini-Staates war, dass Danzigs Bevölkerung zu über 90% deutsch war, und die Friedensmacher in Versailles wollten anscheinend nicht eine zahlenmäßig große deutsche Einwohnerschaft unter polnische Kontrolle stellen. Das Ergebnis war, dass Danzig weder Deutschland noch Polen zugeschlagen wurde, und die Verfasser des Versailler Vertrags, die fest verwurzelt waren im 19.Jahrhundert, drehten das Rad der Zeit rückwärts, zu einer Periode, in der es in Mitteleuropa viele kleine Stadtstaaten gab, und machten Danzig nominell zu einem unabhängigen Stadtstaat. Ein politischer Kompromiss, der zum Scheitern verurteilt war.

Danzig erhielt begrenzte Souveränität. Für die Außenpolitik war Polen zuständig, was im Endeffekt hieß, dass sie für Leute, die Danzig besuchen wollten, Visa ausstellten, und für Danziger Bürger Visa einholten aus Staaten, die kein Konsulat in der Stadt hatten. Polen war weiterhin zuständig für den Betrieb der Bahn, die ans polnische Schienennetz angebunden war, und drittens machte der Völkerbund Polen das Zugeständnis, ein eigenes Postamt zu haben für Post nach Polen.

Ebenso blieb eine starke Bindung an Deutschland. Die Sprache in der Stadt blieb Deutsch, und die Gesetze der Freien Stadt kamen vom deutschen Modell. In der Praxis war Danzig kulturell an Deutschland gebunden, aber in Polen gelegen und zumindest teilweise wirtschaftlich und politisch an Polen gebunden. Demzufolge war Danzig nur dem Namen nach frei, in der Realität wurde die Stadt von Mächten außerhalb ihrer Grenzen kontrolliert. Um vollkommen sicherzustellen, dass Danzig keine reale Souveränität besaß, ernannte der Völkerbund einen ständig anwesenden Hochkommissar für die Stadt, zur Überprüfung von Vorfällen, angeblich um dafür zu sorgen, dass weder Polen noch Deutschland versuchten zu viel Einfluss auszuüben oder die Freie Stadt dem eigenen Territorium einzuverleiben. In Wahrheit wurde damit die Tatsache hervorgehoben, dass Danzig keine echte Souveränität besaß. Die Schaffung eines derartigen politischen Anachronismus hatte eine dämpfende Wirkung auf Danzigs Wirtschaft bei real gehemmtem Wachstum, wahrscheinlich weil auswärtige Investoren wenig Vertrauen hatten, dass die Konstruktion des Völkerbundes Bestand haben würde, und weil man in Polen nach 1920, als sich Danziger Hafenarbeiter weigerten, Waffen zu entladen, die für den Feldzug der polnischen Armee gegen die neue Sowjetarmee bestimmt waren, zu der Überzeugung kam, dass man einen Hafen benötigte in Polen selbst, und so schließlich Gdynia, ungefähr 40 Meilen westlich von Danzig, als polnischen Haupthafen entwickelte. In der Folge stagnierte Danzig erst recht, zusehends litt die Wirtschaft der Stadt.

Noch schlimmer war, dass Deutschland nach 1933 Danzig politisch mit der Nazipartei infiltrierte und letzten Endes die lokale Regierung kontrollierte, lange bevor die deutsche Armee mit ihren Panzern am 1.September 39 einrollte. Es hatte immer einigen Antisemitismus gegeben, und er nahm zu, als der Einfluss der Nazis in der Stadt zunahm, aber bis 1936 hat sich dieser Antisemitismus hauptsächlich in Rhetorik bemerkbar gemacht und war keine große Bedrohung. Danzig schien normal, an Deutschlands Ostpreußen angrenzend im Osten, und an Polen im Süden und Westen, aber von beiden getrennt.

In meiner Ahnungslosigkeit erschien es mir als kleinem Jungen vollkommen natürlich, dass die altertümliche Idee eines Stadtstaates auf Danzig angewendet wurde. Was ich nicht wusste und nicht verstand, das war, dass der beschauliche und geordnete Zustand der Stadt unwirklich, dass Danzig eigentlich eine politische Zeitbombe war, vor sich hin tickend, mit Außenstehenden, die den Mechanismus in Gang setzten und kontrollierten. Für mich, in meiner jugendlichen Unbedarftheit, war es natürlich, dass die biederen Danziger Bürger, die Ton angebenden Bewohner der Freien Stadt, dachten, alles sei in Ordnung, da ihr Alltag weiterging, anscheinend ohne Sorge wegen der Veränderungen, die jenseits der Stadtgrenzen vor sich gingen, und mit wenig sichtbarem Interesse am Geschwür des Nazismus, das Mitte der 30er Jahre in der Freien Stadt stark anwuchs. Für die Danziger, die ich kannte, schien alles genau so zu sein wie es sein sollte. Sie erkannten undeutlich, dass um sie herum Veränderungen im Gange waren, aber diese spiegelten Ereignisse in Deutschland und anderen europäischen Ländern wider. Und ungeachtet dessen, dass die Veränderungen Gefahr signalisierten, sperrten sie das Widerwärtige aus, das eine alltägliche Erscheinung wurde, und ließen am Ende einfach zu, dass die Ereignisse sie verschlangen. Dies traf ebenfalls auf die Danziger Juden zu. Ihnen allen war klar, dass die wachsende Macht der Nazis das Leben für sie unsicherer machte. Doch viele trösteten sich mit dem Gedanken, dass es schlimmer, als es war, nicht mehr werden konnte. Die meisten argumentierten, dass Unsicherheit zum Leben der

Juden gehört hatte durch alle Zeitalter hindurch und dass die Juden immer überlebt hatten, weil es gar keine andere Möglichkeit gab. Diese Art von Zuversicht war, als sich die politische Umgebung für Juden beständig verschlechterte, eine tödliche Fehleinschätzung, wie meine Familie und alle anderen Juden innerhalb weniger Jahre erkannten.

Isidor und Edith

Mein Vater wurde in Putzig geboren, ungefähr 30 Meilen westlich von Danzig. Als er 1885 geboren wurde, war Putzig deutsch. Er war ein großgewachsener Mann, groß vor allem für seine Generation, und er kam gut mit anderen aus, ungeachtet der Tatsache, dass er schwerhörig war. Meine Mutter erzählte uns, dass er als Baby von seinem Kindermädchen beim Baden fallengelassen worden war, und dass dieser Sturz sein Gehör in Mitleidenschaft zog. Infolge seiner Behinderung konnte er nicht auf die Universität gehen, wie seine Brüder es taten, die Anwälte, Bankiers und Professoren wurden, sondern musste ein Handwerk lernen, bei dem er nicht durch seinen Hörschaden beeinträchtigt sein würde. Er hatte ein Zeichentalent und zeichnete oft sehr wirklichkeitsgetreue Bilder von Leuten, die wir alle kannten. Unglücklicherweise ist keine dieser Zeichnungen erhalten. Aufgrund seiner Behinderung wurde er, als er alt genug war, nach Berlin an eine Schneider-Akademie geschickt. Vielleicht war es seine große Geschicklichkeit im Zeichnen, die seine Eltern veranlasste, ihn an die Schneiderschule zu schicken, denn ein guter Schneider muss in der Lage sein, Vorlagen akkurat zu zeichnen, so dass die für einen Kunden angefertigten Kleider perfekt passten. Aber höchstwahrscheinlich war es doch mein Großvater, der für die Entscheidung verantwortlich war, meinen Vater das Schneiderhandwerk lernen zu lassen, denn er hatte einen Laden, in dem Stoffe verkauft wurden. Mein Vater machte seinen Abschluss an der Berliner Schneiderakademie vor dem Ersten Weltkrieg und ging in Berlin bei einer Schneiderei in die Lehre, kam dann nach Danzig, wo er die Gesellenprüfung

Die Großeltern Jenny und Hermann Eisenstädt

ablegte und dann auch die Meisterprüfung in der Schneiderzunft von Danzig bestand. Ohne die Zulassung als
Meister durch die Schneiderzunft hätte er kein eigenes
Geschäft eröffnen oder Lehrlinge und Gesellen einstellen
können, denn die Zunft kontrollierte sämtliche Schneider-
geschäfte in der Stadt. Mein Vater war ein ausgezeichne-
ter Schneider, und sein Laden stets voller Kunden, die einen neuen Anzug oder Mantel wollten, oder Änderungs-
wünsche für ihre Kleider hatten, damit sie ihnen passten
oder wieder neu aussahen.

Die Tatsache, dass er Schneidermeister war, war ungewöhnlich. Nicht nur war sein Gehörschaden ein Nachteil,
sondern er war auch der einzige Jude in Danzig, der den
Rang eines Schneidermeisters in seiner Zunft innehatte.
Seit dem Mittelalter war es Juden in Deutschland nicht
erlaubt, Berufe zu ergreifen oder ein Gewerbe auszuüben.
Die Handwerke wurden von Zünften kontrolliert, die die

Juden aktiv ausgrenzten. Erst am Ende des 19.Jahrhundert setzte ein langsamer Wandel ein. Nach dem Ersten Weltkrieg wurden in der Weimarer Republik alle Gesetze, die die Juden diskriminierten, abgeschafft und Juden waren in der Lage, jeden Beruf zu ergreifen, Regierungsämter ebenso wie Handwerksberufe. Dies bedeutete jedoch nicht, dass Juden üblicherweise den höchsten Rang als Meister in ihrer Zunft erreichen konnten. Um dies zu schaffen, mussten sie in ihrem Handwerk hervorragend begabt sein. Da mein Vater diese höchste Stellung in seiner Zunft erreicht hatte, waren wir alle sehr stolz auf ihn.

Meine Eltern kamen gut miteinander aus, und auch wenn ich mich nicht erinnere, dass es meinem Bruder oder mir gegenüber jemals erwähnt wurde, müssen sie sich sehr geliebt haben. In den zehn Jahren, in denen ich meinen Vater kannte, habe ich von ihm niemals ein lautes Wort meiner Mutter gegenüber gehört.

Mein Vater hat weder meinen Bruder noch mich jemals geschlagen. Er sagte uns, dass wir seinen Vorschriften und denen meiner Mutter zu folgen hatten, aber die gelegentlichen Bestrafungen, wenn wir uns schlecht benommen hatten, überließ er meiner Mutter. Sie drohte zuweilen uns zu schlagen, tat aber nie mehr als mit uns zu schimpfen. Mein Vater und meine Mutter waren beide liebevolle und fürsorgliche Eltern. Mein Vater hatte viele Freunde und Bekannte in unserem kleinen Vorort, bevor die von den Nazis kontrollierte Regierung die Aktivitäten und Bewegungen von Juden einschränkten.

Einer seiner Freunde war ein Mann in seinem Alter, der seine Anzüge im Laden meines Vaters hatte machen lassen und oft am frühen Abend zu Besuch kam, um mit meinem Vater bei einer Tasse Kaffee das Tagesgeschehen zu diskutieren. Mein Vater ging ihn ebenso besuchen. Er genoss den kurzen Spaziergang durch eine kleine Parkanlage zum Haus seines Freundes. Es gab ihm Gelegenheit, ein wenig an die frische Luft zu kommen und sich zu bewegen, dringend nötig nach einem langen Tag im Geschäft – Schnittmuster zeichnen, Stoffe zuschneiden für die Kleider seiner Kunden, die die Schneidergesellen dann nähen würden, mit gekreuzten Beinen auf dem langen Holztisch sitzend, dem Mittelpunkt des Ladens.

Es war Mitte der 30er Jahre, wahrscheinlich 1936, bevor die Einschränkungen für Juden einschneidend geworden waren, als mein Vater eines Abends von einem dieser Spaziergänge durch den Park nach Hause kam, mit blutüberströmtem Kopf. Nach dem, was meine Mutter uns Kindern erklärte, hatte mein Vater im Park jemanden am Boden liegen sehen und war hingegangen. Es war Abend und schon dunkel, und er dachte, dass derjenige Hilfe brauchte. Was er fand, war ein SA-Mann mit seiner Freundin. Der SA-Mann war außerordentlich verärgert, dass er mit einer Frau im Gras gefunden wurde. Er erkannte, dass mein Vater Jude war. Er zog seine Pistole und bedrohte meinen Vater, der, dem Bericht meiner Mutter zufolge, zu laufen begann. Während mein Vater lief, schoss der SA-Mann auf ihn, streifte ihn mit einem Schuss am Kopf und begann ihn zu jagen. Mein Vater flüchtete zum örtlichen Polizeirevier, das nicht weit von unserem Wohnblock lag und in dem ihn jeder der Polizisten kannte. Während er erklärte, was passiert war, stürmte der SA-Mann herein und verlangte, dass die Polizei meinen Vater verhaftete. Die diensttuenden Polizisten sagten dem SA-Mann, dass er mit dem Abfeuern der Pistole innerhalb des Stadtgebiets gegen das Gesetz verstoßen habe und dass er für dieses Vergehen unter Anklage gestellt werde, wenn er nicht unverzüglich das Revier verlassen und die Angelegenheit als erledigt betrachten würde. Der SA-Mann besann sich anscheinend eines Besseren, beharrte nicht länger auf seiner Forderung und verschwand. Mein Vater kam nach Hause und erzählte meiner Mutter, was geschehen war. Sie erzählte es uns und sagte uns mit Nachdruck, dass wir vorsichtig sein müssten, da das Leben gefährlicher wurde.

Offenkundig war die Polizei noch nicht vollständig in der Hand der Nazis, denn wenn man der Forderung des SA-Manns nachgegeben hätte, wäre mein Vater inhaftiert worden und an jenem Abend nicht nach Hause gekommen. Es war auch hilfreich, dass er guten Kontakt zur örtlichen Polizei hatte und dass sie ihn als rechtschaffenen und gesetzestreuen Menschen kannten. Es war das letzte Mal, dass mein Vater zum Haus seines Freundes ging, denn der Gang durch diesen Park war nicht mehr sicher. Aber sein Freund kam von nun an zu Besuch, einige Monate lang, bis er ebenfalls damit aufhören musste, weil sein Sohn der SS beitrat, der schwarz uniformierten Nazi-Organisation, die von Heinrich Himmler geführt wurde.

Meine Mutter wurde in Danzig geboren, das bis zum Ende des Ersten Weltkriegs zu Deutschland gehörte. Sie wuchs in der Stadt auf und besuchte ein Mädchenlyzeum. Als junge Erwachsene wurde sie bei einer Bank als Buchhalterin eingestellt. Ihr Vater war ein Kaufmann, der einigermaßen wohlhabend geworden war, jedoch das Meiste verlor, als die Inflation Anfang der 20er Jahre einen Großteil seiner Anlagen ruinierte. Mutter erzählte mir, dass sie in jener Zeit bei der Arbeit in der Bank in Gold oder stabilen Währungen bezahlt wurde, und dass sie half, ihre Eltern zu unterstützen.

Soweit ich mich erinnere war sie ebenso viel beschäftigt wie mein Vater; sie machte die Buchhaltung, verhandelte mit Kunden und kümmerte sich darum, dass zu Hause alles in Ordnung war. Ungeachtet ihrer vielen Verpflichtungen hatte sie immer Zeit für uns und beaufsichtigte uns während des ganzen Arbeitstages, wenn mein Vater in seinem Laden beschäftigt war. Es gehörte zu den vielen Dingen, die sie uns beibrachte, andern gegenüber rücksichtsvoll zu sein, und offen und ehrlich im Umgang mit allen. Ich weiß nicht, wie sich meine Eltern kennen lernten, aber sie heirateten 1926. Die Familie wuchs rasch. Mein Bruder Erich kam 1927 zur Welt, und ich wurde im Jahr danach geboren.

Unser Zuhause

Wir haben in Oliva gelebt, als Erich und ich geboren sind. Das war ein kleiner Vorort Danzigs östlich von Zoppot, was zu der Zeit ein Ostseebad war. Eine Stadt mit einem wunderschönen Strand, einer Rennbahn, einem Casino und einem großen und teuren Hotel, dem Grand Hotel.

Der Laden meines Vaters lag vor dem Palastgarten des Bischofs, der auch in Oliva gelebt hat. Meine Erinnerungen an diese Zeit sind begrenzt, da ich erst vier Jahre alt war, als wir von dort nach Langfuhr, einem größeren Vorort näher an Danzig umgezogen sind. Zuerst sind wir in eine Wohnung in die Hauptstraße gezogen, die Danzig mit allen westlichen Vororten in Richtung Zoppot verbunden hat. Offensichtlich war das keine gute Wohnlage, so dass wir bald ein weiteres Mal in eine Seitenstraße umzogen, die im Vergleich zur relativ geschäftigen Hauptstraße ein höheres Maß an Sicherheit für meinen Bruder und mich versprach. Die Straße hieß Friedenssteg, und wir bewohnten ein gerade neu gebautes Wohnhaus, die Nummer 10. Die Wohnung war sehr groß. Sie hatte zwei große Zimmer zur Straße heraus, eines Wohnzimmer, das andere ein Schlafzimmer. Ein weiters Schlafzimmer und die Küche lagen in Richtung Hofseite, wie auch ein großer Arbeitsraum mit separatem Eingang für die Händler und Schneiderlehrlinge.

Erich und ich haben oft Murmeln oder Ball im Hof gespielt, aber auch auf der Straße, weil nur gelegentlich Pferdefuhrwerke durchfuhren, sehr selten ein Auto oder LKW. Einmal parkte ein sehr großer Tourenwagen in unserer Straße mit New Yorker Nummernschildern vorn und hinten. Das war sehr ungewöhnlich und erregte viel Aufsehen. Jeder, der vorbeiging, war sehr überrascht und neugierig, und fragte sich, wer sein Auto den langen Weg von Amerika nach Danzig brachte. Für Erich und mich war es sehr aufregend, so ein großes Auto von so weit weg zu sehen. Obwohl wir sehr interessiert waren, wer der Besitzer war, konnten wir es nie herausbekommen, und nach ein paar Tagen war das Auto verschwunden.

Unsere Straße war das ideale Umfeld für heranwachsende Kinder, und wir haben es sehr genossen. Das heißt nicht, dass es keine Probleme gab, die durch Antisemitismus entstanden sind. Gelegentlich, wenn wir auf der Straße gespielt haben, ist unser Ball in irgendjemandes Garten gefallen. Einer von uns musste über den Zaun klettern, um ihn zurückzuholen. Manchmal öffnete sich ein Fenster und jemand schrie uns an: „Raus aus meinem Garten ihr jüdischen Rowdies!" Als ich einmal den Ball holen musste, hat mir ein Mann einen antisemitischen Fluch hinterher gebrüllt. Ich bin schnell über eine Hecke gesprungen, um aus dem Garten zu gelangen. Ich wusste nicht, dass sie mit Stacheldraht gesichert war und schlitzte mir mein Bein vom Knie bis zur Hüfte auf. Glücklicherweise, mal abgesehen von der klaffenden Wunde die fürchterlich geblutet hat, habe ich keine bleibenden Schäden davongetragen. Lediglich eine Narbe erinnert an diesen Tag.

Nicht weit von unserem Haus entfernt, am Ende des Jeschkenthaler Weges, befand sich ein Park mit einem kleinen Wald und einem hohen Aussichtssturm. Erich und ich waren oft im Frühjahr und Sommer dort, um in den Büschen verstecken zu spielen, im Wald und auf den Wiesen zu schlendern und auf den Aussichtsturm zu klettern. Von dort aus konnte man weit ins Land blicken, auf der anderen Seite waren die Ostseestrände zu sehen. Der Park war perfekt für uns, und wir haben es geliebt dorthin zu gehen, weil es ein toller Ort zum Spielen war, gleichzeitig ruhig und sicher. Unglücklicherweise wurde dieser Ort für uns unerreichbar als der Krieg kam, er wurde zu etwas völlig gegensätzlichem. Die deutsche Armee übernahm ihn, und platzierte ihre Langstreckenartillerie (long range artillery?) dort. Wir haben die großen Kanonen nie gesehen, wohl aber über mehrere Tage gehört, als die deutsche Armee von dort aus polnische Positionen beschossen hat. Von unserem Lieblingsplatz aus. Die Kanonenschüsse waren so laut, dass sie unsere Häuser erzittern ließen, wenn sie abgefeuert wurden.

Erinnerung

Ich kam 1934 zur Schule, das Jahr nach dem die Nazis in Deutschland an die Macht kamen. Ein brauner Sprühregen, die Nazi Partei, Sturmtruppenuniformen tauchten in den Straßen auf. Die Hitlerjugend mit ihren braunen Uniformen, der Einstiegsorganisation der NSDAP für Jungen, fingen an durch die Straßen Danzigs zu marschieren. Sie sangen antisemitische Lieder, und Nazipropaganda gegen Juden verbreitete sich mehr und mehr. Aber es war bis dahin nicht mehr Gewalt als vorher, und obwohl meine Eltern die latente Gefahr wahrnahmen, war es mehr eine psychologische Gefahr und machte nicht den Eindruck Maßnahmen ergreifen zu müssen, wie zum Beispiel Danzig zu verlassen.

Ganz im Gegenteil, meine Eltern meldeten mich in diesem Jahr in der staatlichen Schule an, weil sie in der Nähe war, günstig und bequem, und für alle Danziger zugänglich, auch für Juden. Erich war das Jahr zuvor auch dort eingeschult worden. Wir haben also beide die staatliche Schule bis 1936 besucht, als der Antisemitismus dramatisch zunahm und ebendiese Schulen für Juden verboten wurden. Erich war lang genug zur Schule gegangen, so dass er für die Unterstufe an einer höheren Schule eingeschrieben werden konnte und ging fortan in ein jüdisches Gymnasium, das normal bestehen bleiben durfte in einem grünen Vorort Danzigs. Ich war noch in der Grundschule und wechselte in die jüdische Grundschule im Zentrum von Danzigs Altstadt, in direkter Nachbarschaft des Wohnhauses von Arthur Schopenhauer, dem Philosophen aus dem 19. Jahrhundert. Nach einem Jahr dort folgte ich Erich 1937 auf das jüdische Gymnasium, wo Dr. Rosenthal die Schulleiterin war. Wir konnten nur bis zum Sommer 1938 dorthin gehen, als die Situation für Juden immer restriktiver (eingeschränkter) wurde, und die nazikontrollierte Regierung in Danzig beide jüdische Schulen schloss.

Das letzte Jahr

Da die Schule für meinen Bruder und mich nach der Schließung des privaten jüdischen Gymnasiums 1938 unterbrochen wurde, besuchten wir beide eine Untergrundschule, die übergangsweise in den Häusern der Lehrer gehalten wurde, wenn sie es für sicher hielten. Einen der Lehrer nannten wir mit Spitznamen Pluto, den König der Unterwelt. Er war ein Klassizist, was der Grund dafür war, dass wir ihn Pluto nannten. Er hielt immer ein kleines Taschenmesser in seinen Händen und spielte damit während seines Unterrichts. Er war ein kleiner, älterer Herr, etwa 45, und beliebt bei den Schülern. Viele Male hatten wir während dieser Monate unseren Klassizismusunterrrricht bei ihm zu Hause und wir lernten von ihm viel über das Alte Griechenland und Rom.

Pluto, ich erinnere mich nicht an seinen richtigen Namen, lebte in der Nähe des Bahnhofs in Danzig und das bedeutete, dass Erich und ich die Straßenbahn von uns zu Hause, das war im ersten Vorort von Bahnhof aus, nehmen und den Rest zu Fuß bis zu seiner Wohnung ein paar Blocks entfernt gehen mussten. Eines Tages, nach seinem heimlichen Unterricht, waren mein Bruder und ich auf dem Weg zur Straßenbahnhaltestelle vor dem Bahnhof als wir drei oder vier Hitlerjungen in Uniform sahen. Sie sahen uns auch und wussten irgendwie, dass wir Juden waren. Einer von ihnen hatte einen langen Stock, den er bedrohlich um seinen Kopf herum kreisen ließ. Auf einmal rannten sie auf uns zu und wir rannten zur Straßenbahn, die gerade an der Haltestelle ankam. Wir sprangen in die Bahn, während die vier Hitlerjungen zu weit weg waren, um in die Straßenbahn zu gelangen, bevor die Türen schlossen. Genau in dem Moment als die Straßenbahn losfuhr gab es einen lauten Knall an der Seite der Bahn. Der Bahnfahrer bremste, hielt an, öffnete die Tür, kam aus der Straßenbahn mit einem Fluchen und beschuldigte die Jungen Staatseigentum beschädigt zu haben und machte ihnen unmissverständlich klar, dass sie die Reparatur bezahlen würden. Sie stritten mit ihm und sagten ihm sie wären hinter zwei Juden hinterher, die in der Straßenbahn seien, aber der Straßenbahnfahrer hörte ihnen nicht zu. Er schrie sie an und sagte ihnen mit Nachdruck, dass sie verantwortlich seien, nahm ihre Namen auf und sagte ihnen sie würden von der Polizei hören. Mein Bruder und ich fuhren ohne einen Ton zu sagen nach Hause. Als wir an unserer Haltestelle ausstiegen, lächelte uns der Fahrer zu als ob er sagen wollte:

„Den kleinen Rotzlöffeln hab ich's aber gezeigt, nicht wahr."

Erich und ich schauten uns verwundert an, da wir den Fahrer viele Male gesehen haben, aber, abgesehen von einem „hallo" und „danke", nie mit ihm gesprochen haben.

Und es gab andere, die wie der Straßenbahnfahrer Helden für uns waren. Einer von ihnen war unser Nachbar. Er war Bauingenieur, er trug Wickelgamaschen und baute Brücken. Er war Mitglied der Freimaurervereinigung, er war klein mit einer sehr korpulenten, runden, birnenförmigen Figur. Wir sahen ihn nicht besonders oft, da er immer unterwegs war, um Brücken zu bauen und vielleicht Straßen, aber wir sahen seine Frau fast jeden Tag. Ein Tag nachdem der Krieg begonnen hatte und die SS und Gestapo uns mitten in der Nacht einen Besuch abstatteten, unsere Wohnung durchsuchten und uns bedrohten, klingelte es am nächsten Morgen an der Tür und unser Nachbar stand da mit einer Pistole in der Hand. „Frau Eisenstädt, wenn diese schrecklichen Menschen sie nochmal belästigen sollten, werde ich die erschießen", sagte er.

Meine Mutter versuchte ihn zu beruhigen. Seine Frau kam ebenfalls in unsere Wohnung und sagte ihm, es sei nicht sicher in einer Wohnung zu sein in der Juden wohnen und dass er gehen und mit nach Hause kommen sollte. Aber er wiederholte nochmals mit böser Stimme was er vorher gesagt hatte: „Ich werde sie erschießen, wenn sie wieder kommen."

Natürlich war das was er tat nicht nur eine große Gefahr für ihn, sondern auch für uns. Wenn die Nazis ihn gehört hätten, wären wir alle sofort festgenommen worden. So waren wir sehr erleichtert als er sich letztlich dazu überreden ließ nach Hause zu gehen und nicht vor unserer Wohnung zu stehen. Da waren noch einige andere wie er. Diejenigen, die die Nazis hassten, sich aber machtlos fühlten etwas gegen sie zu unternehmen. Einige von ihnen kamen um Abschied zu nehmen, spät nachts, kurz bevor wir Danzig verließen. Sie brachten kleine Abschiedsgeschenke, Schokolade und Kekse, blieben nur einen kurzen Augenblick und dann waren sie weg.

Abschiedsplanung

1937 begannen die Juden in Danzig ernsthaft darüber nachzudenken zu gehen und nach Amerika, Australien, Argentinien oder China auszuwandern. Auch meine Eltern begannen mit der Planung Danzig zu verlassen und entschieden sich nach einigen Diskussionen einen Auswanderungsantrag in die USA zu beantragen. Mein Vater wusste alles was man über New York wissen musste aus Zeitungen und hatte gelesen, dass die Frau des Bürgermeisters Fiorello la Guardia Jüdin war. Davon abgesehen hatten wir entfernte Verwandte in Philadelphia und als meine Mutter ihnen schrieb, versorgten sie uns umgehend mit der nötigen eidesstattlichen Erklärung. Diese eidesstattliche Erklärung wurde vom amerikanischen Generalkonsulat in Danzig benötigt, um Visa zu erhalten, um wiederum in die USA einreisen zu können. Ausgestattet mit der kostbaren eidesstattlichen Erklärung beantragten meine Eltern Visa für uns vier. Die Visa für meine Mutter, meinen Bruder und mich wurden in wenigen Wochen genehmigt. Wir waren alle in Danzig geboren, was unter den damaligen Bedingungen für die Visavergabe eine nahezu sofortige Genehmigung für Visa ermöglichte.

Leider war mein Vater nicht Danzig geboren und sein Visum wurde daher nicht genehmigt. Sein Antrag kam in eine lange Warteliste, ohne jegliche Information wann er sein Visum erhalten würde. Der Grund hierfür war, dass das amerikanische Generalkonsulat in Danzig meinen Vater auf die polnische Warteliste für Visa setzen ließ, da er in Puck geboren wurde und die polnische Visavergabe hatte eine sehr lange Warteliste.

Als mein Vater 1885 geboren wurde, hieß Puck Putzig und war deutsch. Daher war er bei seiner Geburt deutscher Staatsbürger. Der Versailler Vertrag jedoch gab Putzig an Polen ab und Putzig wurde zu Puck umbenannt. Weil er seitdem also in Polen lebte, wurde er automatisch polnischer Staatsbürger. Für das amerikanische Generalkonsulat wurde er deshalb der polnischen Visavergabeliste zugeordnet, ungeachtet der Tatsache, dass er bei seinem Umzug nach Danzig Bürger der Freien Stadt wurde. Da die Zahl der Polen, die nach Amerika auswandern wollten, weit größer war als die jährliche Anzahl zu vergebender Visa für dieses Land, gab es eine lange Warteliste. Das bedeutete wiederum, dass mein Vater einige Zeit auf sein amerikanisches Visum warten musste.[2]

Der Rest von uns, meine Mutter, meine Tante Ruth, die Schwester meiner Mutter, die ebenfalls ihr Visum beantragt hatte, mein Bruder und ich, wir waren auf der Danziger Visavergabeliste, weil wir alle dort geboren waren. Diese Visavergabeliste war unterbesetzt, es gab also keine Verzögerung bei der Einreiseerlaubnis in die USA. Wir machten eine erneute Anfrage beim amerikanischen Generalkonsulat im Sommer 1938 und uns wurde einmal mehr mitgeteilt, dass mein Vater für eine ziemlich lange Zeit kein Visum erhalten würde, da die Warteliste nach wie vor sehr lang war. Das waren sehr unangenehme Neuigkeiten und ich erinnere mich daran Diskussionen meiner Eltern über die verbleibenden Optionen mitgehört zu haben. Es war die Rede von Schweden, von China, wo der Bruder meiner Mutter und seine Familie 1933, als Hitler die Macht übernahm, hingingen. Und es war die Rede davon, meinen Bruder und mich nach England zu schicken, auf einen speziellen „Kindertransport", was bedeutet hätte ohne unsere Eltern wegzugehen. Offensichtlich wurde keine dieser Optionen gewählt und aufgrund der stetig steigenden Angst, erwägte mein Vater den Gedanken, dass meine Mutter uns beide nach Amerika nehmen und ihn in Danzig auf sein Visum warten lassen sollte. Ich erinnere mich an mehrere Diskussionen, die Erich und ich mit unseren Eltern führten. Sie wollten unsere Tränen stillen indem sie uns erzählten, dass wir, einmal in New York niedergelassen, nachdem mein Vater uns gefolgt wäre, er eine Schneiderei aufmachen würde. In froher Aufregung sagten wir, dass wir Fahrräder besorgen und dabei helfen würden die Kleider, die er fertiggestellt hatte, auszuliefern. Das war ein angenehmer Traum und half uns, uns sicherer fühlen.

Antisemitismus und Kriegswolken

Abgesehen von einem signifikanten Anstand antisemitischer Rhetorik/Propaganda ab Mitte 1937 und immer strengeren Einschränkungen für Juden was Schule, Einkauf, selbst die Nutzung von Parkbänken für Juden angeht, sowie die ansteigende Gewalt gegen Juden, gab es die Gefahr eines Krieges gegen Polen. Ich erinnere mich an die stetige und gewaltsame, anti-polnische Rhetorik/Propaganda, die in dieser Zeit begann und die, in Verbindung mit Antisemitismus, stetig zunahm. Weiterhin gab es strenge Einschränkungen, die durch das Nazi-Regime eingeführt wurden, welche allen außer Juden es verboten Kunden des Geschäfts meines Vaters zu sein. Dies hatte drastische Auswirkungen auf sein Geschäft, woran es stark litt und dramatisch schrumpfte.

Ende 1938 hatte sich die Situation derartig verschlechtert, dass das Leben für Juden in Danzig extrem gefährlich wurde. Die Kristallnacht, die Nacht des reinen Terrors der Nazis gegen Juden fand am 9. November 1938 statt und brachte die systematische Zerstörung jüdischer Geschäfte und die Entweihung/Entwürdigung der Danziger Synagogen. Unsere außerhalb der Stadt liegende Synagoge war nicht weit von unserem Haus entfernt und ich erinnere mich, dass wir sie mit meinen Eltern am Tag nach der Kristallnacht besichtigten. Alle Fenster waren kaputt und wir konnten sehen, dass der Inhalt der Synagoge verbrannt wurde. Thorarollen, Gebetsbücher und Gebetsgewänder wurden zerrissen und lagen auf dem Boden. Es war ein Anblick blanker Zerstörung. Mehrere Menschen waren mit uns, aber niemand sagte ein Wort. Dies war ein Anblick, der sich in mein Gedächtnis eingebrannt hat. Als ich die Zerstörung der Synagoge sah, fühlte ich mein jüdisches Erbe stärker denn je, ein Gefühl von Vertrauen, das nie nachließ. Einige Tage später, als wir unsere Großeltern, die im Zentrum von Danzig wohnten, besuchten, sah ich, dass die Hauptsynagoge ebenfalls zerstört war, aber nicht auf dieselbe Art und Weise.

Zwar zerrissen die Nazis Thorarollen und Gebetsbücher und warfen Gebetsgewänder auf die Straße, aber die Fenster blieben heil und die Grundstruktur blieb erhalten. Die Hauptsynagoge blieb wahrscheinlich von physischer Zerstörung verschont, da sie unmittelbar gegenüber vom Hauptquartier der Polizei lag. Trotz alledem schlossen die Nazis die Synagoge und errichteten etwas später einen Zaum herum, bemalt mit der Aufschrift. „ Juden sind unser Unglück." Nach der deutschen Übernahme im September 1939, begannen sie die Destruktion der Synagoge zu organisieren, Stein für Stein, bis, so erfuhren wir später, nur noch ein großes Loch im Boden übrig blieb. Das letzte Mal als ich Danzig im Sommer 2001 besuchte, war dieses Loch, wo die Synagoge stand immer noch da, so als ob es als Erinnerung an die Brutalität der Nazizeit dienen sollte.

Glücklicherweise blieb das Geschäft meines Vaters von den Ereignissen dieser tragischen und grausamen Novembernacht verschont, vermutlich weil es in einer Seitenstraße lag. Dennoch, immer mehr Juden wurden auf offener Straße von den Sturmtruppen in braunen Hemden geschlagen und immer mehr Juden verschwanden einfach. Ich lauschte meinen Eltern als sie ein großes Treffen in der Hauptsynagoge in Danzig diskutierten, das kurz vor der Kristallnacht stattfand und das Juden, aufgrund der steigenden Gefahr, dazu ermutigen sollte zu fliehen. Dieses Treffen und die Kristallnacht waren wohl ein Hauptgrund weshalb mein Vater darauf bestand, dass meine Mutter Erich und mich, da wir unsere Visa hatten, ohne ihn nach Amerika nehmen sollte. Dies war bis dahin nur reines Gedankenspiel. Er sagte, er würde in Danzig warten und uns folgen, sobald seine Nummer auf der Visawarteliste erscheinen würde. Es hieß „entweder nach Amerika mit den Jungs" oder er würde uns für den sogenannten „Kindertransport" nach England eintragen. Das hätte bedeutet, dass mein Bruder und ich ohne unsere Eltern Danzig verlassen müssten, mit einer sehr unsicheren Zukunft und keinerlei Garantie, sie jemals wieder zu sehen. Diese intensive Diskussion zog sich über einige Wochen hin, als meine Mutter schließlich unter langem Zögern einwilligte mit uns beiden nach Amerika zu gehen und meinen Vater in Danzig zurückzulassen.

Das war ein Schock für uns. Aus Danzig ohne meinen Vater wegzugehen war vorher nie eine ernsthafte Option. Wir, als kleine Kinder, waren uns sicher, dass wir eine Familie sind und dass wenn ihr nach Amerika gegangen wären, alle gemeinsam gegangen wären. Obwohl unsere Eltern uns erklärte, dass es sich um eine temporäre Lösung handelte und dass mein Vater uns bald folgen würde, war es erst in diesem Moment, als mein Bruder und ich realisierten, dass wir nach Amerika gehen würden und dass wir dies nur mit unserer Mutter tun würden.

Obwohl es eine Menge Gespräche über den Abschied aus Danzig gab, wurde nichts Konkretes unternommen um deutlich zu machen, dass die Abreise aus Danzig unmittelbar bevorstand, bis zu dem Tag, an dem mein Vater darauf bestand ohne ihn abzureisen. Ihm wurde offensichtlich klar, dass es nicht nur keine Zukunft für Juden in

Danzig mehr gab, sondern auch dass die politischen Umstände für Juden immer gefährlicher wurden. Seine Entscheidung muss ihm sehr schwer gefallen sein. Sie war sicher sehr schmerzhaft, aber auch mutig. Seine Priorität war eindeutig, dass seine Frau und Kinder sicher sein sollten. Ihm wurde offensichtlich klar, dass es nicht länger eine Option war in Danzig zu bleiben aufgrund der ständig ansteigenden Gefahr für Juden. Abgesehen von der Beantragung von amerikanischen Visa 1937 und Briefen zu entfernten Verwandten in den Vereinigten Staaten, die vor langer Zeit Europa verlassen haben, um sie darum zu bitten uns zu unterstützen und sich für uns einzusetzen, was sie glücklicherweise taten, gab es keine weiteren Vorkehrungen die getroffen wurden, von denen wir Kinder wussten, bis mein Vater darauf bestand, dass wir gehen.

Nachdem meine Eltern ihre schwere Entscheidung, die sie bis Frühling 1939 beschäftigte, getroffen hatten, gingen die Ereignisse schnell. Ein Umzugsunternehmen wurde Anfang des Sommers engagiert und zwei große Holzkisten wurden in unsere Wohnung gebracht. Wir füllten sie mit vielen unserer Familieneigentümer. Mein Bruder und ich gingen in diese Holzkisten rein und raus, um sie mit Kleidung, Geschirr und Wäsche zu füllen. Wir reinigten unseren guten alten Perser im Hinterhof indem wir ihn auf eine Wäscheleine hängten und ihn ausklopften. Dann falteten wir ihn vorsichtig und packten ihn in eine von den Kisten. Es dauerte nicht lange um die Kisten zu füllen. Als die Kisten voll waren, kamen die Umzugshelfer, verschlossen die Kisten mit Metallketten und nahmen sie mit um sie zu einem Lager in Gnydia, den polnischen Hafen in dem engen Korridor zwischen Danzig und Deutschland zu verschiffen. Dort lagerten die Kisten bis

Anfang September, wenn wir das Frachtschiff des Polen-Amerika-Linienschiffs, die Pilsudski, nach New-York nehmen sollten. Es war die zweite Hälfte eines warmen, schönen Augusts.

Während der letzten Woche im August, nur ein bisschen mehr als zwei Wochen vor unserer Abreise nach Amerika mussten wir alle aus unseren Schlafzimmern raus und vorn im Wohnzimmer schlafen, weil eine sog. Verdunkelung (Licht abstellen, um nicht erkannt zu werden, wenn in der Nacht Bombenangriffe geflogen werden) angekündigt wurde und dieser Raum der einzige war, in dem die Fenster komplett verschlossen werden konnten. Der Verdunkelungsbefehl war ein bedrohliches Zeichen, aber meine Eltern hofften, dass es nur ein Test war. Meine Eltern schliefen auf einer Couch, Erich bekam einen Stuhl mit einer Ottomane, die gerade lang genug war, dass er sich strecken konnte und ich schlief auf einem Behelfsbett aus zwei Bügelbrettern mit einigen Kissen darauf. Es war nicht so gut wie mein Bett, aber es war einigermaßen bequem und irgendwie ein Abenteuer. Die Verdunkelung, so dachte mein Vater, würde nur eine oder zwei Nächte andauern und dann könnten wir in unsere Schlafzimmer zurückkehren bis meine Mutter, Erich und ich abreisten.

Krieg

Aber dem war nicht so. Die Stromsperre dauerte an und wurde niemals aufgehoben. Und früh am morgen um ca. 5 Uhr am 1. September 1939 wurden wir plötzlich von ständigem lauten Krachen und Dröhnen geweckt. Die Kirchenglocken fingen an zu läuten und die Leute auf den Straßen riefen laut, dass der Krieg mit Polen begonnen hatte. In unseren Augen hatte Deutschland das Undenkbare getan. Deutschland begann den Angriff auf Polen genau in dem Moment, wo die Ernte eingefahren war, so dass Deutschland seine Nahrungsversorgung enorm steigern konnte und außerdem sein Territorium erweiterte und sich später weite Teile Westpolens aneignete. Meine Eltern meinten, dass die Nazipropaganda mit dem Slogan „den Lebensraum zu erweitern" sich erfüllte.

Auf diese erste Zeit des Krieges mit Polen reagierten wir erst mit Fassungslosigkeit, dann aber mit Schock und Sorge. Da sich Deutschland und Polen im Krieg befanden, war für meine Eltern klar, dass wir nicht nach Gdynia (Gdingen) reisen konnten. Was sollten wir tun? Wie sollten wir ausreisen? Konnten wir überhaupt weggehen? Wenn nicht, was würde geschehen? All diese Fragen stürzten auf einmal auf uns ein und es gab keine Antworten darauf. In dem Moment schien es unmöglich, nach Amerika zu gehen. Meine Eltern fühlten sich gefangen. Wir zogen uns an und gingen schließlich auf die Straße, um zu sehen, was geschehen war. Da waren überall deutsche Soldaten. Wir hatten keine Ahnung, woher sie so schnell gekommen waren. Deutsche Stukas zielten auf unbekannte Ziele und wir konnten beobachten, wie sie ihre Bomben abwarfen. Ein wohlwollender Nachbar erzählte uns letztendlich, was passiert war. Das deutsche Schulschiff „Schleswig-Holstein", welches einige Tage zuvor mit ausdrücklich guten Absichten in den Danziger Hafen eingelaufen war, was es auch vorher schon einige Male getan hatte, eröffnete mit schwerem Geschütz das Feuer auf die winzige polnische Garnison auf Westerplatte.[3]

Westerplatte ist eine kleine Landspitze im Danziger Hafen, die damals 72 polnische Soldaten beherbergte mit dem Auftrag, den reibungslosen Umschlag des militärischen Nachschubs für Polen abzusichern. Sie waren leicht bewaffnet, hatten sich aber sehr effektiv verschanzt. Wir sahen Sturzkampfbomber, als wir an diesem frühen Septembermorgen auf die Straße gingen, die die polnische Garnison bombardierten; und die deutsche Armee, die nach Danzig strömte, wahrscheinlich aus Ostpreussen, war beauftragt, die Garnison zu erobern. Die 72 polnischen Soldaten leisteten heldenhaften Widerstand, aber sie waren zahlenmäßig einfach hoffnungslos unterlegen. Trotzdem hielten sie einige Tage aus, bis ihre Munition verbraucht war.[4] Angestellte des polnischen Postamtes leisteten ebenfalls Widerstand, aber wir hörten später, dass sie mit einem Gasangriff sehr schnell zum Aufgeben gezwungen wurden.

In dem Moment, obwohl wir es noch nicht wirklich begriffen hatten, hatte der 2.Weltkrieg begonnen, und zwar mit dem deutschen Angriff auf polnische Gebiete in Danzig und natürlich mit der Invasion und Besetzung von Danzig durch Deutschland sowie der Invasion der deutschen Armee auf Polen. Das bedeutete, dass Gdynia, der Hafen, von dem wir unsere Abreise starten wollten, in deutsche Hände gefallen war, was es uns unmöglich machte, von dort auszulaufen.

Was es noch schlimmer machte war, dass die Züge nicht fuhren und die Straßen für Zivilverkehr gesperrt und mit Militärfahrzeugen verstopft waren. Damit war es klar, dass es keine Möglichkeit gab, an Bord eines polnischen Ozeandampfers zu gehen, weder in Gdynia noch irgendwo sonst. In dem Moment schien alles verloren, auch die zwei Kisten mit all unseren Habseligkeiten, die uns in Amerika helfen sollten Fuß zu fassen. Wir sahen einen Wirbelwind und es schien, als wenn er uns mit hinabreißen würde, uns verschlingen würde und zerstören. Was wir sahen war eine Katastrophe. Es war ein vernichtender Moment und wir fühlten uns alle in einer Falle. Da waren deutsche Soldaten und Naziuniformen überall. Unsere Hauptstraße, die in der Tat auch Hauptstraße hieß, war sofort zu Ehren von Hitlers bevorstehendem triumphalem Besuch der Stadt, die er erfolgreich in einem grundlos durchgeführten Überraschungsangriff auf Polen nach Deutschland zurückgeführt hatte, umbenannt worden in Adolf-Hitler-Straße. Es sah so aus als wenn wir nirgendwo hingehen konnten.

Polen besiegt und Danzig ist deutsch

Etwa zwei Wochen nach Ausbruch des Krieges standen Erich und ich auf unserer Hauptstraße und beobachteten die deutsche Armee, wie sie vorbeimarschierte. Erich war zwölf Jahre alt und ich zehn. Wir dachten, dass wir aussähen wie die meisten anderen Jungen in unserem Alter, in unseren kurzen Hosen und Jacken. Wir standen dort und staunten über die lange Reihe deutscher Soldaten. Polen war erobert worden und besetzt von deutschen Truppen im Westen und von Sowjettruppen im Osten. Die deutsche Armee verließ das Schlachtfeld und kam nach Danzig. Die Kolonne schien endlos. Sie kam aus dem Westen, wo einmal Polen gewesen war. Hitler stand im führenden Wagen, welcher ein offenes Touring-fahrzeug war, und war umgeben von SS-Sicherheits-truppen. Das Militär folgte. Da waren Männer und Pferde, Kommandowagen, in denen Offiziere saßen, es gab gepanzerte Mannschaftswagen, die kleine Kanonen angehängt hatten, einige Panzer, aber hauptsächlich war es Infanterie. Wir standen dort, was uns eine lange Zeit schien, und auf einmal kam eine Frau auf uns zu, beugte sich herab und flüsterte in mein Ohr:

„Ihr Jungs solltet hier nicht sein. Es ist gefährlich für euch."

Ich sah die Frau an, aber ich kannte sie nicht. Vielleicht kannte sie meine Eltern, aber weder ich noch mein Bruder wussten, wer sie war. Wie auch immer. Mein Bruder und ich sahen uns für einen Moment an und gingen dann nach Hause. Wer immer diese Frau war, sie hatte uns einen großen Dienst erwiesen, indem sie uns erkannt und

gewarnt hatte. Andere, die es nicht so gut mit uns meinten, hätten uns vielleicht ebenso erkannt.

Abreise, zweiter Versuch

Nachdem der Krieg mit Polen beendet war und Westpolen unter deutscher Besatzung stand, mussten meine Eltern einen neuen Weg finden, wie wir aus Danzig herauskommen konnten. Wahrscheinlich Mitte September haben sie es irgendwie hinbekommen, Tickets zu bekommen für die Veendam der Holland-Amerika-Linie. Holland war noch neutral zu der Zeit, so dass normale Beziehungen existierten zu Deutschland und in dieses Land zu reisen war noch möglich. Dass meine Eltern überhaupt Tickets bekommen hatten war ein absolutes Wunder, denn die Kabinen mussten in Dollar bezahlt werden und die Deutschen, die jetzt die neue Autorität in Danzig waren und dort alles kontrollierten, haben es sofort zu einem Teil von Deutschland gemacht, was bedeutete dass deutsche Gesetze jetzt voll in Kraft traten. Das hatte zur Folge, dass noch schwerere Einschränkungen um ausländische Währungen umzutauschen und es verbot komplett die Ausfuhr von Devisen. Wenn man die strengen Währungsbeschränkungen bedenkt, was eigentlich bedeutete dass die Tickets außerhalb von Danzig gekauft werden mussten mit Mitteln von einer der internationalen Hilfsorganisationen, die Kontakt hatten zu unserer jüdischen Gemeinde. Etwa ein Monat verging bis alles so weit war, dass wir unseren zweiten Versuch starten konnten auszureisen. Wir hatten unsere Tickets und unsere Ausreisevisa von den deutschen Behörden und jeder durfte nur einen kleinen Koffer mitnehmen. Zu der Zeit war das besiegte Polen aufgeteilt worden zwischen der Sowjetunion und Deutschland und Deutschland befand sich im Krieg mit Großbritannien.

Verkalkuliert

Wenn man zurückblickt, war mein Vater hoffnungslos optimistisch gewesen. Es war wahrscheinlich der Wunsch der Vater des Gedankens, dass es keinen Krieg geben würde. Er und so viele seiner Bekannten und Freunde fühlten genauso. Kurz bevor der Krieg begann hat er erst verstanden, wie ernst die Situation eigentlich geworden war und er genauso wie Andere nahm an, dass Deutschland Danzig nur besetzen würde und Polen würde sich beschweren, aber nichts tun. Und er glaubte, dass Polen weiterhin existieren würde und dass wir in der Lage sein würden, abzureisen und wegzugehen so wie wir es geplant hatten auf der Pilsudski von Gdynia.

Aber an dem Morgen des 1.September 1939 als der Krieg begann, änderte sich alles. Polen gab es nicht mehr und Danzig war annektiert von Deutschland. Von da an gab es noch mehr Menschen in Uniform überall. Es gab Soldaten in deutschen Armeeuniformen, die gefürchteten schwarzen Uniformen der SS, das waren diejenigen, die Menschen in der Nacht einfach verschleppten, die braunen Uniformen der SA Sturmtruppen genauso wie die vertraute Danziger Gendarmerie. Die braun uniformierten Sturmtruppen waren auch bevor die Deutschen einmarschierten gefürchtet, weil sie es waren die Juden in den Straßen zusammenschlugen, Scheiben von jüdischen Läden einschmissen und in der Nacht des 10. November 1938, der Kristallnacht, waren sie es die die Synagogen schändeten, abbrannten und eingebrochen sind in Synagogen überall in Deutschland, Österreich und dem nazikontrollierten Danzig. Aber nach der Annektierung war die schwarz uniformierte SS sehr viel mehr gefürchtet, weil sie Leute in Arrest nahmen, die danach nie wieder gesehen wurden. Offensichtlich wäre es besser gewesen, wenn meine Eltern die vielen warnenden Zeichen ernst genommen hätten und wir alle Danzig eher verlassen hätten. Es hätte Plätze gegeben, wo wir hingekonnt hätten und mein Vater hätte Danzig auch verlassen können. Es gab Schiffe in die skandinavischen Länder, die von Danzig regelmäßig abfuhren und die Möglichkeit nach China auszureisen war ständig vorhanden.

Aber es ist schwierig und schmerzhaft die familiäre Umgebung zu verlassen, den Ort wo man aufgewachsen ist, wo die Familienmitglieder leben und wohnen und wo es keine Sprachbarrieren gibt. Aber die Zeichen der bevorstehenden Katastrophe waren bereits da. Nicht nur die Gewaltanwendung und das Verschwinden von Juden, die wir nicht kannten, es gab auch Vorfälle, die uns direkt betrafen und uns berührt haben. Einmal 1937 als wir auf dem Heimweg von einem Fußballspiel mit jüdischen Freunden waren, saßen wir in der Falle auf einer Brücke, gegenüber dem Feld, welches durch das Buch von Günter Grass „Die Blechtrommel" berühmt-berüchtigt wurde, wo die Hitlerjugend sich traf war eine Gang von harten Hitlerjungs, die auf der Brücke auf uns gewartet hatte um uns mit Stöcken und Peitschen zu schlagen. Einige von den größeren und älteren Jungs hatten sich entschlossen zu kämpfen und weil ich der Jüngste war, gaben sie mir den Fußball und sagten, dass ich nach Hause laufen soll. Aber ich wollte bleiben und mithelfen gegen die Nazischläger zu kämpfen aber es wurde mir unmissverständlich klargemacht, dass ich erst 8 Jahre alt war und dass ich zu jung war um irgendwie im Kampf von Nutzen zu sein und dass meine Verantwortung war, den Fußball in Sicherheit zu bringen. Ich nahm den Ball und rannte die Meile oder mehr nach Hause und erzählte meinen Eltern was passiert war. Ich fand später heraus, dass meine Freunde sich wacker geschlagen hatten, aber einige von ihnen waren verletzt und mussten medizinisch betreut werden. Das war ein Vorfall, der sehr dicht an unser zu Hause kam. Noch einer war das Aufeinandertreffen meines Vaters mit einem SA Mann. Das war sogar noch gefährlicher. Da waren auch die immer zahlreicheren Schilder in Schaufenstern und an Parkbänken, wo draufstand „Keine Juden erlaubt". Und dann gab es die Kristallnacht. Das hätte für uns alle einfach genug sein sollen, um die Sachen zu packen und wegzugehen. Aber es war nicht genug, bis es zu spät war für meinen Vater zu verschwinden und fast zu spät für meine Mutter, meinen Bruder und mich, als die endgültige Entscheidung getroffen wurde. Teil des Zögerns war die Hoffnung, dass die Bedingungen nicht schlimmer werden konnten, ein anderer Teil war die Schwierigkeit, meinen Vater zurückzulassen in Danzig und dass wir drei ohne ihn nach Amerika gehen würden, plus der Fakt dass es eine Trägheit war, die in dem Widerstreben mündete, die vertraute Umgebung zu verlassen.

Vorbereitung zur Abreise

Wir, meine Mutter, mein Bruder, Tante Ruth, und Roman, ein Junge, um den sich meine Mutter während der Überfahrt nach Amerika kümmern wollte, sollten am 14. Oktober 1939 vom Bahnhof abreisen. Die Tatsache, dass mein Vater nicht mit uns kam, war jetzt eine harte Realität. In diesen letzten Wochen vor unserer Abreise nahmen die Angst und die Gefahr jeden Tag zu. Solange Danzig nicht von Deutschland annektiert worden war, hatte es noch Hoffnung gegeben, dass sich die Dinge nicht so entwickeln würden wie in Deutschland. Trotz der Prügeleien und des Antisemitismus gab es keine Gewissheit über das Morden, und es gab keine Konzentrationslager wie in Deutschland.

Nach dem 1. September 1939 wurden die Bedrohungen Realität. Immer häufiger begannen Juden zu verschwinden, ohne Hinweis darauf, was mit ihnen passiert war. Bald gab es Gemunkel, dass ein Konzentrationslager errichtet worden war, unmittelbar in der Umgebung von Danzig, in Stutthof. Jeder in der jüdischen Gemeinde wusste von nun an, dass das nächste Klopfen an der Tür das letzte sein konnte. Jetzt waren die gefährlichsten Uniformen die schwarzen. Die Braunhemden prügelten einen und zerschlugen Fenster, aber die Schwarzen waren diejenigen, die Juden mitten in der Nacht verhafteten und mitnahmen auf Nimmerwiedersehen.

Noch etwas war neu nach dem 1. September: der nächtliche Durchzug von polnischen Gefangenen. Es gab zivile und militärische Gefangene, und jede Nacht seit dem 1. September wurden sie durch Danzig getrieben, in unregelmäßigen Kolonnen zu unbekannten Zielen, aber nicht unbekannten Schicksalen. Gerüchte über sie gab es überall, aber gesehen habe ich sie nur einmal. Es war kurz vor unserer Abreise nach Amerika, meine Eltern hatten mich und meinen Bruder zu unseren Großeltern mitgenommen, um Auf Wiedersehen zu sagen. Sie lebten im Zentrum von Danzig, und wir fuhren mit der Straßenbahn hin. Als wir auf dem Rückweg waren, war es Abend und dunkel draußen. Als wir an der ersten Haltestelle in Langfuhr ankamen, unserem Stadtteil, sahen wir die langen Reihen der Gefangenen. Sie liefen in ungeordneten Gruppen in die entgegengesetzte Richtung, nach Danzig. Es gab ein paar deutsche Soldaten mit Gewehren, die sie bewachten. Ich drückte mein Gesicht an die Fensterscheibe und beobachtete die langen Reihen der Vorbeigehenden, die endlos zu sein schienen. Sie sahen erschöpft aus, und die vielen Zivilisten unter ihnen trugen noch ihre Aktentaschen und Brotbüchsen, mit denen sie sich auf den Weg zur Arbeit gemacht hatten an dem Tag, an dem sie verhaftet worden waren. Ich erinnere mich, dass meine Mutter mir zuflüsterte, ich solle leise sein und nichts sagen. Es gab keinen Grund, sich Sorgen zu machen, dass ich herumschreien würde, denn ich begriff die Gefahren um uns herum und ich verstand auch, wer diese Männer waren und was mit ihnen geschehen würde. Alles, was ich tun konnte, war hinzusehen in gebanntem Schweigen. Die Straßenbahn fuhr weiter, und bald kamen wir an unsere Haltestelle. Als wir die Straßenbahn verließen, schauten wir zurück in die Dunkelheit, in Richtung derer, die zu den ersten Opfern gehörten des Grauens, das folgen sollte. Als wir in jener Nacht schlafen gingen, waren wir still. Die Gefangenen zu sehen hat uns alle schaudern lassen.

Obwohl schon Anfang Oktober, war es noch sommer-lich warm und angenehm. Es war die Jahreszeit, in der wir dauernd draußen im Wald waren, der sich nicht weit von unserem Haus befand. Vor dem Krieg hatten wir dort Verstecken gespielt mit unseren Freunden, Spaziergänge gemacht unter den großen Bäumen, hatten unsere geheimen Plätze in den großen Büschen und kletterten auf den Hügel, wo der Aussichtsturm war, um vom höchsten Punkt der Umgebung in die umliegende Landschaft zu schauen. Von dort aus konnte man die Kirchturmspitzen von Danzig sehen, und sogar den Sandstrand der Ostsee, und die Wälder und Felder, die den Rest der kleinen Enklave bildeten, aus denen das Territorium der Freien Stadt bestand.

1939 war das anders. Danzig war jetzt Teil von Deutschland, und wir waren dabei, die Stadt zu verlassen. Das Leben wurde mit jedem Tag schlimmer. Juden wurden nicht nur auf der Straße verprügelt, manche verschwanden einfach, als ob sie nie existiert hätten. Der Bruder meines Vaters, Sally, ein Bankier, war einer derjenigen, dessen Schicksal öffentlich wurde. Ein Bild, auf dem er am Galgen hing, wurde im ‚Stürmer‘ veröffentlicht, dem antisemitischen Hetzblatt von Julius Streicher, angeschlagen in den Schaukästen überall in der Stadt. Er war nicht nur ein jüdischer Bankier, sondern er hatte auch eine Beziehung mit einer nichtjüdischen Frau. Das machte ihn doppelt schuldig in den Augen der Nazis.

Alle unsere jüdischen Freunde und Verwandten hatten nur ein Thema zu diskutieren: wohin gehen und wann. Das Schneidergeschäft meines Vaters war schon fast völlig aufgelöst. Die einzigen, die kamen, waren ein paar jüdische Kunden, die selber im Begriff waren das Land zu verlassen und die an ihrer Kleidung ein paar Sachen ausgebessert haben wollten vor der Abreise.

Fortgehen

Wir verließen Danzig wie geplant vom Bahnhof am 14. Oktober 1939, etwas mehr als sechs Wochen nach Kriegsbeginn. Es war das letzte Mal, dass ich den Bahnhof als Kind sah. In diesem Moment des traumatischen Abschieds, hatte der Bahnhof seinen Glanz verloren und meine jugendlichen Fantasien waren verschwunden. Meine Mutter, mein Bruder und ich begleitet von Tante Ruth und Roman, einem Jungen ungefähr in unserem Alter, der amerikanischer Staatsbürger war, verließen Danzig Richtung Amerika ohne meinen Vater und ohne die Mutter des Jungen. Die Mutter des Jungen, der mit uns kam, hatte das gleiche Problem wie mein Vater, weil sie Polin war hatte sie kein Visum für die Vereinigten Staaten. Woher sie meine Mutter kannte und wie es dazu gekommen war, sie zu bittten sich um ihren Sohn zu kümmern, ist eine der vielen Fragen auf die ich keine Antwort habe.

Wir hatten uns verabschiedet, unseren Vater geküsst und waren in unseren Zug geklettert. Wir gingen in unser Abteil, zogen die Fenster herunter und schauten raus um noch einmal „Auf Wiedersehen" zu sagen. Mein Vater stand neben unserem Fenster und mit tränenüberströmten Gesichtern verabschiedeten wir uns wieder und wieder. Dann begann sich der Zug sehr langsam zu bewegen. Mein Vater lief mit dem Zug mit bis zum Ende des Bahnsteigs, dann blieb er stehen in seinem langen grünen Lodenmantel und winkte mit dem Taschentuch. Wir alle lehnten uns aus dem Abteilfenster und winkten zurück während seine Gestalt in der Ferne verschwand. Als der Zug schneller wurde und um eine Kurve fuhr, war er verschwunden. Meine Mutter, meine Tante, mein Bruder und ich setzten uns in unsere Sitze und sagten nichts. Dann realisierten wir, dass wir nicht allein in unserem Abteil waren. Während wir aus dem Fenster geschaut hatten, waren zwei deutsche Soldaten hereingekommen und hatten zwei Plätze besetzt als der Zug aus dem Bahnhof fuhr. Sie hatten eine Menge Ausrüstung dabei, ihre Tornister, Gewehre, Gasmasken, Bajonette und saßen dort und schauten uns an. „Wir hoffen, dass es ihnen nichts ausmacht, dass wir diese Sitze genommen haben." sagte einer der Soldaten. „Der Zug ist voll mit unseren Kameraden und wir wollten uns nur eine Weile hinsetzen." Wir drei Jungs mussten uns in zwei Sitze quetschen, weil wir jetzt sieben Personen im Sechserabteil waren. Wir sahen, dass meine Mutter sich Sorgen machte, dass die Soldaten ein Problem für uns darstellen könnten, falls sie herausfanden warum wir Danzig verließen. Wie sich herausstellte, waren die Soldaten kein bisschen an uns interessiert. Anfangs unterhielten sie sich nur miteinander, aber nach einer Weile wandten sie sich an meinen Bruder, an Roman und an mich und fragten uns ob wir Lust hätten ihre Ausrüstung anzusehen. Wir sahen die besorgten Blicke meiner Mutter und den Anflug von Angst in ihren Augen. Aber alles was sie tun konnte, war uns zu ermahnen, die Ausrüstung die die Soldaten uns zeigten, nicht anzufassen. Es war eigentlich einem deutschen Soldaten verboten, diese Art von freundlichem Kontakt mit Juden zu haben und bevor meine Mutter ihre Warnung, vorsichtig zu sein überhaupt aussprechen konnte, hatte der Soldat der neben mir saß, seine Gasmaske schon aus seinem Tornister geholt und mir über den Kopf gezogen. Es fühlte sich sehr befremdlich und beängstigend an, diese Maske zu tragen. Es war schwierig durch die Sichtscheibe zu gucken und unter der

Maske war es heiß. Was noch schlimmer war, ich wusste dass es eine gefährliche Sache war und deshalb saß ich einfach nur da, guckte durch die Linsen und sagte nichts. Der Soldat sagte: „Wie findest du die Gasmaske? Wir trugen diese Masken als wir im Krieg mit Polen Gas eingesetzt haben. Jetzt gehen wir an die Westfront um mit den Franzosen zu kämpfen und mit den Engländern und wir werden sie wahrscheinlich wieder benutzen müssen." Er zog mir die Maske wieder von meinem Gesicht und verstaute sie in seinem Tornister. Dann zog er sein Bajonett aus der Scheide und hielt es meinem Bruder hin. So steckt man es an das Ende des Gewehrs, instruierte er Erich, der verblüfft aussah aber fasziniert. Wenn es klickt, dann ist es fest, und wir können das Gewehr benutzen wie ein Schwert, wie einen Säbel oder wie eine Lanze. „Ich musste es nicht gegen die Polen verwenden, aber wahrscheinlich werde ich es gegen die Engländer benutzen. So haben wir im letzten Krieg gefochten, mit dem Bajonett." Erich und ich sagten höflich Dankeschön zu den Soldaten und dann kehrten sie zu ihrem Gespräch miteinander zurück. Der Zug wurde langsamer als er das Territorium um die ehemalige freie Stadt Danzig verließ und die ehemalige Grenze mit Polen überquerte und hineinfuhr in das was der „Polnische Korridor" genannt wurde.[5] Die Schienen waren während der Kämpfe zerstört worden und neue provisorische Schienen waren verlegt worden, die den Zug zwangen, langsamer zu fahren als normalerweise. Überall wohin wir schauten waren die Auswirkungen des Krieges zu sehen. Massive Zerstörung war überall. Tote Pferde waren überall zurückgelassen worden und verwesten, es gab überall heruntergebrannte Gebäude, kaputte Waggons und ausgebrannte Lastwagen und Autos. Die einzigen Zivilisten die wir sahen, waren Frauen. Die

Männer waren alle verschwunden in Kriegsgefangenenlagern, waren tot oder sie versteckten sich. Die ganze Region durch die wir fuhren, die vorher noch Polen gewesen war, war fürchterlich verwüstet. Die zwei Soldaten in unserem Abteil, die an der Verwüstung Polens beteiligt gewesen waren, die man vom Zugfenster aus sehen konnte, ignorierten das völlig. Sie sangen Lieder, redeten miteinander und aßen ihre Käsebrote. Und sie bekamen nicht mit oder vielleicht war es ihnen auch egal, dass wir Juden waren die dabei waren, Deutschland zu verlassen. Sie sprachen weiterhin ab und zu mit uns und boten uns kleine Häppchen von ihren Käsebroten an. Ungeachtet der langsamen Geschwindigkeit des Zuges durchfuhren wir den Polnischen Korridor zwischen Danzig und Deutschland in einer guten Stunde. Sobald wir Deutschland erreicht hatten, sah die Landschaft friedlich und intakt aus, hier hatten keine Kämpfe stattgefunden. Der Zug wurde schneller und fuhr in diesem Tempo weiter, bis wir die Außenbezirke von Berlin erreicht hatten. Scheinbar eine endlose Zeit fuhren wir durch die Vororte Berlins bis der Zug endgültig am Bahnhof hielt. Die Größe der Stadt war faszinierend für mich. Es war die größte Stadt, die ich bis dahin gesehen hatte. Danzig war eine Stadt mit etwas mehr als 400.000 Einwohnern und schien immer groß für mich, aber Berlin war viel größer. Überall wo ich hinguckte als der Zug durch das Stadtzentrum rollte waren riesige Gebäude, viel größer als ich jemals vorher gesehen hatte. Auf den Dächern von vielen dieser Gebäude waren Luftabwehrgeschütze, die in den Himmel ragten mit mehreren Mann Besatzung an jedem Geschütz. Wir konnten diese Geschütze deutlich sehen, als der Zug oberhalb der Straße fuhr. Auf der Straße unter uns waren überall Uniformierte. Da war das Grau-Grün der Soldaten, das

Schwarz der SS, das Braun der SA und das Braun der Hitlerjugend genauso wie das Braun der Mädchen vom BDM(Bund Deutscher Mädchen, die Naziorganisation für Mädchen) und außerdem Polizisten mit der gewohnten und einzigartigen Kopfbedeckung, den die Danziger Polizisten auch trugen. Obwohl wir Deutschland mit Visa verließen, die nur die Ausreise erlaubten, was in Wirklichkeit bedeutete, dass wir vertrieben wurden, hatten wir einen Aufenthalt in Berlin bei entfernten Cousins, die hier lebten geplant und die zugestimmt hatten, uns aufzunehmen. Wir kamen in ihrer Wohnung an, die im Zentrum der Stadt lag. Nachdem wir uns eingerichtet hatten begann eine große Diskussion über das momentane Hauptproblem, die Misere der Juden in Deutschland, der wir ausgesetzt waren seit Beginn des Krieges.

„Ich kann mir nicht vorstellen, dass die Situation schlimmer werden kann, als sie gerade ist." sagte Cousin Klaus Scheurenberg.

Er war ein Mann ungefähr im Alter meiner Mutter, vielleicht ein wenig älter, der bis vor Kurzem ein Angestellter der Staatlichen Deutschen Krankenversicherung war. „Sieh mal" fuhr er fort, „es ist wahr, dass sie mich entlassen haben, weil ich Jude bin. Aber die Behörde hat der Jüdischen Gemeinde gesagt, dass die Situation nicht schlimmer wird. Ich denke, dass alles bald vorbei sein wird, wenn der Krieg beendet ist, was bald der Fall sein wird. Die Engländer werden nicht lange kämpfen, weil es keinen Grund für sie gibt, das Gleiche noch einmal durchzumachen, was sie im letzten Krieg schon einmal durchgemacht haben, und die Franzosen werden auch bald genug haben. Nein nein, der Krieg wird nicht mehr lange dauern und die Normalität wird bald zurückkehren, sobald Deutschland seinen rechtmäßigen Platz in Europa wieder eingenommen hat."

„Was werdet ihr in der Zwischenzeit tun?" fragte meine Mutter.

„Wir bleiben und warten es ab." erwiderte Cousin Klaus.

Cousin Klaus war verheiratet und hatte zwei Kinder, einen Jungen im Teenageralter und einem Mädchen, das etwas jünger war. Sie waren eine Familie integrierter gutsituierter deutscher Juden, die unglücklicherweise viele der gängigen Meinungen ihrer Landsleute teilten. Während der zwei Tage, die wir bei ihnen wohnten, wurde die gleiche Unterhaltung immer wieder wiederholt, immer mit dem gleichen Ergebnis. Cousin Klaus und seine Familie würden das Ende des Krieges in Deutschland abwarten und dann würde alles wieder so sein wie vorher. Sie waren auf eine Art furchtlos. Oder sie trugen Scheuklappen auf ihren Augen, so wie viele andere Juden. Überall um sie herum waren Juden spurlos verschwunden. Einschränkungen für Juden wurden immer strenger und es war offensichtlich, dass es immer gefährlicher wurde. Sie sahen es, und glaubten trotzdem nicht, dass es schlimmer werden könnte. Es war ein Glaube, an dem viele festhielten auch als die Welt um sie herum, die sie kannten, begann sie auszulöschen.

Es war auf eine Art verständlich, das Cousin Klaus abwarten wollte. Wenn ich mich an den kurzen Aufenthalt erinnere, war es ein denkwürdiger. Es schien als gäbe es keine Einschränkungen bei unseren Touren durch die Stadt. Wir sahen uns die Sehenswürdigkeiten an, den Tiergarten, welcher ein großer Park im Zentrum der Stadt ist, das Brandenburger Tor, die Siegessäule, die vom Sieg über Frankreich im Krieg von 1871 stammt und wir hatten unsere erste U-Bahnfahrt, die faszinierend war. Wir gingen überall hin wohin wir wollten ohne irgendwelche Probleme oder Ärger. Nichts hätte normaler sein können. Abgesehen von den Uniformen überall und den Geschützen auf den Dächern der Häuser schien es eine Ruhe, einen Wohlstand und eine Fröhlichkeit in der ganzen Stadt zu geben. Es schien, als hätten die Berliner gar keine Sorgen bezüglich des Krieges, der gerade begonnen hatte. Vielleicht war es, weil sie fest daran glaubten ihn zu gewinnen. Es war eine eigenartige Erfahrung. Die Oktobersonne ließ alles schön und positiv aussehen, im krassen Gegensatz zu der Tatsache, dass wir Deutschland verließen weil wir wussten dass die Deutschen die Juden loswerden wollten, auf welchem Weg auch immer. Und dann unsere Cousins sagen hören, dass sie sich sicher fühlen vor den Gefahren die so offensichtlich waren, wenn man in der Hauptstadt des antisemitischen Deutschland wohnte, das machte überhaupt keinen Sinn, nicht einmal für einen Zehnjährigen. Am Ende unseres Aufenthaltes verabschiedeten wir uns, dankten unseren Cousins und wünschten ihnen alles Gute. Wir wussten, dass ihnen eine schwere und gefährliche Zeit bevorstand. Dann waren wir zurück auf unserer Reise hinaus aus Deutschland. Wir gingen zum Bahnhof, trugen unsere kleinen Koffer und fanden den Zug, der uns zur deutsch-holländischen Grenze bringen sollte. Von dort sollten wir einen Zug nehmen nach Rotterdam, wo wir uns auf die Veendam einschiffen würden, die zur Holland-Amerika-Linie nach New York gehörte. Die Reise zur holländischen Grenze dauerte einige Stunden. Der Zug hielt viele Male auf dem Weg und Leute stiegen aus und neue Passagiere stiegen zu. Da der Zug Abteile hatte und wir 5 Personen in einem 6-Personenabteil waren, kamen nur wenige Leute um bei uns zu sitzen. Diejenigen die hereinkamen in unser Abteil schienen zu bemerken, dass wir Juden waren, die Deutschland verließen. Die Blicke mit denen sie uns bedachten waren voller Feindseligkeit oder so schien es jedenfalls. Als wir der Grenze näher kamen, stieg unsere Nervosität, da wir wussten, dass wir eine weitere Hürde zu überwinden hatten bevor wir Deutschland verlassen konnten, die deutsche Grenzpolizei. Endlich erreichte der Zug die Grenze und hielt an einem kleinen Gebäude. Alle Passagiere mussten den Zug verlassen mit ihren Habseligkeiten und in das Gebäude gehen durch die Pass- und Zollkontrolle. Die Pässe wurden normalerweise von Grenzpolizisten kontrolliert und sie machten natürlich ihren normalen Job. Als wir dran waren, schaute der Grenzpolizist in unsere Pässe, sah, dass sie markiert waren, dass wir Juden waren und dass darin gestempelt war „Nur für die Ausreise" und sagte uns, dass wir in einen kleinen Raum gehen sollten.

In dem Raum standen bereits einige andere Passagiere aus dem Zug. An einer Wand gab es einen langen Schalter und am Ende des Raumes war ein kleiner Holztisch, an dem vier schwarz uniformierte SS-Leute saßen. Einer von ihnen inspizierte einen Pass und die anderen drei unterhielten sich untereinander. Wir standen da und warteten, nichts passierte. Sie nahmen keine Notiz von uns, einer Gruppe von ungefähr 10 Personen. Wir warteten ein bisschen länger. Meine Mutter warnte uns leise zu sein, sie sagte uns, dass wir nahe bei ihr stehenbleiben sollten. Wir konnten fühlen, dass ihre Angst in diesem Moment anstieg. Wir standen dort, jeder mit seinem kleinen Koffer und bewegten uns nicht und sprachen nicht, das Warten schien endlos. Der SS-Mann, der Pässe angeschaut hatte als wir in den Raum gekommen waren, schaute wieder hinein und sagte etwas zu einem der Anderen am Tisch. Dieser SS-Mann stand auf, griff eine Kanne mit Wasser vom Tisch und rief einen Namen. Ein älterer Mann in unserer Gruppe antwortete. Der SS-Mann sagte ihm, dass er vortreten solle. Der Mann ging nach vorn und blieb vor dem Tisch stehen.

Der SS-Mann sagte: „Du willst also Deutschland verlassen. Warum denn? Magst du uns nicht? Glaubst du nicht, dass wir Juden hier korrekt behandeln? Glaubst du nicht, dass alle Juden schmutzig sind und Dreck machen, den sie nie saubermachen? Antworte mir du dreckiger Jude." Der Mann sah ängstlich aus, aber er antwortete nicht. Er schien über 60 Jahre alt zu sein, war gut gekleidet und anscheinend reiste er allein.

Der SS-Mann fuhr fort, „Nun da du hier diesen Dreck auf den Boden gemacht hast, direkt vor mir, mach es sauber."

„Hier ist kein Dreck" antwortete der Mann, ein wenig perplex.

„Jetzt schon."

Als er das sagte stand der SS-Mann auf drehte sich um und urinierte auf den Boden.

„Mach es sauber!" befahl der SS-Mann.

„Ich habe keine Mopp oder Lappen um das zu tun." erwiderte der Mann.

„Du hast keinen Mopp oder Lappen?" Wie aufs Stichwort lachten alle SS-Männer laut.

„Oh, alle Juden wollen immer irgendwelche spezielle Ausrüstung, um irgendetwas zu tun. Nimm deine Jacke und mach den Dreck hier richtig sauber damit." schrie er den Mann an.

Der Mann zog mit zitternden Händen seine Jacke aus, ging auf die Knie und begann den Boden aufzuwischen. Der SS-Mann nahm dann die gefüllte Kanne in seine Hand. Gerade als der Mann fertig war, goss der SS-Mann das Wasser auf den Boden.

„Mach es nochmal dreckiger Jude."

Der Mann wischte weiter den Boden, bis er trocken war und stand dann auf. Sein Gesicht war aschfahl und sein ganzer Körper zitterte.

„Du willst also nach Amerika gehen." sagte der SS-Mann.

„Was denkst du wirst du dort drüben tun? Wirst du ein Geldverleiher sein? Oder ein Banker? Glaubst du die Amerikaner werden euch Juden alles machen lassen, was ihr wollt? Nein, nein. Du hast hier so gute Arbeit gemacht, dass sie dich auch den Boden wischen lassen werden. Das ist sowieso alles, wofür du gut bist. Warte dort drüben."

Er zeigte auf die Seite des Raumes und der Mann, sein ruiniertes Jackett tragend, ging mit sehr unsicherem Gang dort hinüber.

Der Rest von uns stand still, wir wussten nicht was wir tun sollten außer dort zu stehen, unfähig uns zu bewegen. Wir hatten Angst. Ich fühlte die zitternde Hand meiner Mutter auf meiner Schulter. Mein Bruder hatte die Augen weit aufgerissen vor Angst und ich realisierte, dass diese SS-Leute es in der Hand hatten, unsere Reise zu beenden oder Schlimmeres.

„Eisenstädt!" rief einer der SS-Männer.

Meine Mutter meldete sich.

„Ihr seid aus Danzig und reist mit einem alten Danziger Pass."

„Ja."

„Und jetzt wo wir Danzig wieder deutsch gemacht haben, wollt ihr gehen? Meint ihr nicht, das ist ein treuloses Verhalten? Euch würde es besser gehen in der einem Lager, das wir für euch bauen, als nach Amerika zu gehen. Du reist mit deinen Söhnen?" Es war eigentlich eine Feststellung, keine Frage.

„Ja, sie sind 10 und 12 Jahre alt."

„Du reist mit deiner Schwester?"

„Ja."

„Wo ist deine Schwester?"

„Sie steht neben mir."

„Und du reist mit einem weiteren Judenjungen?"

„Warum das? Wo sind seine Eltern?"

„Seine Mutter hat kein Visum für Amerika, und der Junge ist Amerikanischer Bürger. Ich habe seiner Mutter versprochen, dass ich auf ihn aufpassen würde."

„Wo ist dein Ehemann? Warum ist er nicht hier? Warum reist er nicht mit dir? Reisen jüdische Ehemänner nicht mit ihren Frauen?"

Das verursachte ein heiseres Lachen bei den anderen

SS-Männern.

„Mein Mann konnte Danzig nicht verlassen ohne ein Einreisevisum für Amerika. Er hat ein Visum beantragt, und wartet darauf, dass es ausgestellt wird." sagte meine Mutter.

„So helfen sie Juden in Amerika, nicht wahr? Sie teilen euch auf, so dass sie mit euch tun können was sie wollen. Was habt ihr in diesen Koffern?"

„Nur Kleidung, das war das Einzige, das wir mitnehmen durften."

„Nimm deine jüdischen Bälger und deine Schwester und gehe rüber zu dem Schalter da, und zeig dem Zollmann dein dreckiges Zeug!"

Währenddessen gab er unsere Pässe einem anderen SS-Mann, der sie nahm und zu dem Zollbeamten hinter dem Schalter brachte.

Der Zollbeamte war ein älterer Mann mit einem Schnauzbart. Er trug die normale grüne Dienstuniform und schaute uns mit gleichgültigen Augen an.

„Stellt eure Koffer auf den Tresen!" bellte er.

Er sah sich unsere Pässe an und gab sie meiner Mutter. Dann klingelte sein Telefon und er nahm das Gespräch an, dann war er für ein paar Momente verschwunden. Als er zurückkam schaute er uns überrascht mit großen Augen an, und schrie so dass alle es in dem kleinen Gebäude hören konnten: „Ich hab euch gottverdammten Juden gesagt, ihr sollt euern Scheiß nehmen und sollt hier abhauen. Ich hab eure Sachen schon durchgesehen. Haut ab!"

Es waren keine weiteren Hinweise vonnöten. Was uns

betraf, war dieser Zollbeamte ein weiterer Held für uns. Er wusste, dass er unsere Sachen noch nicht durchgeschaut hatte und er war offensichtlich kein Nazi. Wir schnappten uns unsere Koffer und gingen schnell durch den Ausgang, auf dem stand „Nach Holland".

Wir durchquerten den schmalen Bereich zwischen der deutschen und holländischen Grenze und kamen zum holländischen Kontrollposten. Der holländische Grenzpolizist lächelte uns an als er unsere Pässe durchsah, fand die holländischen Visa, stempelte sie rasch ab und lotste uns zum Ausgang. Sobald wir draußen waren, sahen wir den Zug nach Rotterdam, den wir vor mehreren Stunden verlassen hatten, der auf die Fahrgäste wartete, die aus der deutschen Grenzkontrollstelle kamen. Wir kletterten in den Zug und bemerkten sofort, dass das Zugpersonal nicht mehr deutsch war sondern holländisch. Es gab Leute im Zug, die uns anlächelten als wir in den Zug kamen, und uns ein paar Sachen auf holländisch sagten, die wir leider nicht sehr gut verstanden. Einige griffen in ihre Rucksäcke und gaben uns Äpfel und Schokolade, was uns sehr willkommen war, da wir seit dem Frühstück nichts gegessen hatten und es war schon früh am Abend. Obwohl einige der holländischen Fahrgäste deutsch sprachen, sprachen die meisten nur holländisch und ungeachtet der Tatsache, dass nur wenig Konversation zwischen den anderen Passagieren und uns fünf war, fühlten wir uns sicher, erleichtert und sehr willkommen.

Der Zug wartete noch eine Weile und wir konnten sehen, dass immer noch Leute einstiegen. Schließlich sagte der Schaffner etwas auf holländisch und schloss die Zugtüren. Wir sahen den alten Mann, der mit seiner Jacke den Boden hat wischen müssen, nicht an Bord kommen. Endlich setzte sich der Zug in Bewegung.

Es wurde schon dunkel und meine Mutter sagte, dass wir die Veendam verpassen würden, da die Abfahrt von Rotterdam nach New York für diesen Abend angesetzt war. Die Nazi Gefahr war jetzt hinter uns, aber plötzlich sahen wir uns in Rotterdam einer anderen großen Sorge gegenüber. Wenn das Schiff schon abgelegt hatte wenn wir ankamen in Rotterdam, was sollten wir tun?

Es war eine Frage ohne Antwort. Eine die meine Mutter und meine Tante endlos diskutierten bis zu unserer Ankunft in Rotterdam.

Schon nach einer kleinen Weile war es komplett dunkel geworden und wir konnten nichts mehr durch die Zugfenster sehen, außer wenn der Zug anhielt oder durch einen Bahnhof durchfuhr. Und auch dann gab es nur leere Bahnsteige und Schilder in einer unbekannten Sprache. Es war ungefähr 9 Uhr abends als der Zug am Rotterdamer Bahnhof einfuhr. Da wir nicht an Bord des Schiffes gehen konnten, waren meine Mutter und Tante Ruth sehr besorgt, und hatten über ihre Sorgen schon die ganze Zeit wieder und wieder diskutiert. Wo sollten wir in dieser Nacht schlafen, was sollten wir am nächsten Tag machen? Wie sollten wir nach Amerika kommen, jetzt da das Schiff weg war und wir nur 12,50 Dollar für uns fünf hatten, was das ganze Geld war, das die Deutschen uns erlaubt hatten aus dem Land mitzunehmen. Die Fragen rückten bedrohlich näher. Wir hatten Deutschland und seinen Rassenhass hinter uns gelassen aber jetzt sahen wir uns anderen Problemen gegenüber, die eine andere Art von Druck aufbauten, nämlich dass wir Geld brauchten, was wir nicht hatten.

Wir hätten uns nicht zu sorgen brauchen. Die Jüdische Gemeinde in Danzig wusste, dass wir abreisten und muss irgendwie die Jüdische Gemeinde in Rotterdam informiert haben und ihnen alle nötigen Informationen über unsere Ankunft dort gegeben haben. Trotz der Verzögerung von fünf Stunden war ein Repräsentant der Rotterdamer Jüdischen Gemeinde da als wir den Zug verließen und sagte uns, dass er sich bereits um unsere Übernachtung gekümmert hatte und dass es eine Möglichkeit gab, dass wir die Veendam in Antwerpen am nächsten Tag kriegen würden. Das war, so sagte er uns, der nächste Hafen den das Schiff anlaufen würde. Außerdem sagte uns der Mann, den wir trafen, seien wir eingeladen für ein spätes Essen mit einer holländischen Familie bevor wir in einem sehr bescheidenen aber gastfreundlichen Hotel die Nacht verbringen würden. Zur völligen Beruhigung meiner Mutter fügte unser sehr großzügiger Gastgeber hinzu, dass die Kosten des Hotels und aller weiteren notwendigen Kosten um nach Antwerpen zu kommen, von der Jüdischen Gemeinde von Rotterdam bezahlt würden. Es war als ob ein kleiner Stein vom Herzen meiner Mutter fiel. Es gab einen Seufzer der Erleichterung und dann lächelte sie und dankte dem Mann, der uns zu dem Hotel führte, wo die Zimmer fertig waren für uns. Wir ließen unsere Koffer da und er brachte uns zu der Familie, die uns zum Essen eingeladen hatte.

Das Essen war Balsam für uns alle nach der grauenhaften Erfahrung des Grenzübergangs. Es war einfach aber ziemlich elegant geschmackvoll. Es war der Abend eines Wochentages aber Kerzen waren angezündet und der Segen wurde beim Brotbrechen gesprochen. Und das Brot wurde gesegnet. Die Hühnernudelsuppe war exzellent und das gebratene Huhn unglaublich gut. Wir hatten uns seit Tagen nicht so wohlgefühlt. Es war ein erfolgreicher und von uns dankbar angenommener Versuch uns das Gefühl zu geben, getröstet und umsorgt zu sein und die Familie die das Essen gekocht hatte, gab uns das Gefühl, dass völlig Fremde sich kümmerten. Bald nach dem Essen dankten wir unseren Gastgebern für diesen wundervollen Abend und diese Ruhepause, die wir genießen durften und verabschiedeten uns von einer großzügigen jüdischen Familie, die wahrscheinlich auch in denselben Hexenkessel von Hass und Brutalität kam, als Deutschland in Holland einmarschierte.

Der Mann der uns am Bahnhof begrüßt hatte brachte uns zum Hotel zurück. Ich bekam ein Zimmer für mich allein mit einem Bett mit einem großen Federbett, dicken Federkissen und einem Fenster, das auf eine Straße hinausging, die von Laternen und Schaufenstern erleuchtet war. Ich schaute raus mit Erstaunen auf die Schaufenster mit all den Sachen darin. Besonders das gegenüber, es hatte viele funkelnde und wunderbare Fahrräder ausgestellt. Es war spät und es gab wenig Verkehr in der hellerleuchteten Straße. Die erleuchtete Straße war etwas, was ich nicht mehr gewohnt war. In den letzten Wochen hatten wir die Fenster in Danzig verdunkelt und wegen des Krieges keine Straßenlichter mehr und in Berlin war es genauso. Außerdem gab es in den Danziger Schaufenstern nicht mehr viele Sachen und was verkauft wurde war rationiert oder war für Juden nicht erhältlich. Für mich war das eine Erfahrung, die ich mochte aber ich musste mich erst wieder daran gewöhnen. Ich schaute aus dem Fenster während ich im Bett auf dem Bauch lag, was mir Stunden zu dauern schien, aber es waren wahrscheinlich nur ein paar Minuten. Ich wachte auf, als meine Mutter mich sanft schüttelte und mir sagte, dass es Zeit war aufzustehen, zu waschen, anzuziehen, da wir zum Büro der Holland-Amerika-Linie gehen mussten um die Tickets zu tauschen, damit wir von Antwerpen in Belgien aus abreisen konnten, wo das Schiff heute, an diesem Abend anlegen würde. Auf dem Weg verliefen wir uns ein paar Mal aber erreichten schließlich den Ticketschalter. Das Gebäude war voller Leute und wir mussten lange warten bevor wir drankamen. Als wir dran waren erklärte meine Mutter dem Ticketverkäufer unsere Situation und bat abends in Antwerpen an Bord gehen zu können. Alle Leute in dem Verkaufsraum waren offensichtlich aus dem gleichen Grund da. Es waren Juden, die aus anderen Städten in Deutschland hergekommen waren, und die an der Grenze aufgehalten worden waren, genau wie wir. Einige waren mit dem gleichen Zug wie wir gekommen und es gab eine Menge Gespräche über den Grenzübertritt. Jeder mit dem meine Mutter sprach stimmte zu, dass die Nazis den Zug absichtlich aufgehalten hatten, damit wir die Veendam verpassen würden. Alle waren erleichtert, dass der deutsche Teil der Tortur vorüber war, aber es gab viel Angst um die die zurückgelassen worden waren. Bei uns war es die Angst um meinen Vater und all die die wir in Danzig zurückgelassen hatten. Obwohl es keiner sagte und alle an einer unwirklichen Hoffnung festhielten, wusste sogar ich, ein 10-jähriger Junge, dass je länger die Verzögerung der Abreise aus Deutschland dauerte, die Chancen zu überleben und rauszukommen immer geringer wurden.

Nach vielen Diskussionen mit dem Ticketverkäufer wurden unsere Tickets schließlich umgetauscht. Die Verzögerung hing damit zusammen, dass unsere Tickets für die 3. Klasse waren und da wir nicht rechtzeitig angekommen waren, um in Rotterdam an Bord der Veendam zu gehen, hatte man unsere Kabinen an andere verkauft, die auf der Warteliste gestanden hatten. Jetzt gab es keine

3. Klasse Kabinen mehr. Aus diesem Grund versuchte der Verkäufer sein Bestes um meine Mutter und alle anderen, die das gleiche Problem hatten unterzubringen, und musste die Erlaubnis von seinem Vorgesetzten erbitten, die Tickets für die 2. Klasse-Kabinen ohne Extraaufschlag zu nehmen.

Nachdem das erledigt war wurden Vorkehrungen getroffen für alle die die Veendam in Rotterdam verpasst hatten, damit wir in einem speziellen versiegelten Waggon reisen konnten, da niemand ein belgisches Visum hatte. Der Wagen ging direkt zum Dock und allen Passagieren in den versiegelten Waggons wurde gesagt worden, dass sie direkt vom Zug zum Schiff gehen mussten. Da ich wusste, dass meine Mutter die Zugtickets nicht bezahlt hatte, mussten sie entweder von der Jüdischen Gemeinde in Rotterdam oder von der Schifffahrtsgesellschaft übernommen worden sein. Es war früh am Nachmittag und die Zugfahrt sollte ungefähr zwei Stunden dauern. Die gesamte Gruppe der zur Abfahrt der Veendam zu spät Gekommenen, die in dem Fahrkartenbüro gewesen war hat dann den Weg zum Bahnhof zusammen zurückgelegt, der nah genug war um hinzulaufen. Als wir dort waren wurden wir zu dem Zug geführt, der uns nach Antwerpen bringen sollte und auf dem Bahnsteig wurde uns gesagt, dass wir in einen Sonderwaggon einsteigen sollten, der versiegelt werden sollte, bevor wir den Bahnhof verließen. Die Grenzpolizei war anwesend und sie hatten Bleisiegel mit Draht die sie an den Türgriffen anbrachten, direkt bevor der Zug sich in Bewegung setzte. Der ganze Vorgang wurde sehr rasch ausgeführt und war wahrscheinlich etwas, das bereits mehrere Male vorher stattgefunden hatte. Als der Zug in Antwerpen ankam fuhr er durch den Bahnhof ohne Halt und fuhr direkt weiter zum Hafen. Am Ha-

fen musste der Zug rangiert werden von einem Abstell-
gleis auf ein anderes, um möglich nah an die Veendam zu
kommen. Als er endlich zum Halten kam, war es früher
Abend und wurde dunkel. Dann wurden die Türen geöff-
net und ohne durch Pass- oder Zollkontrolle zu gehen
legten wir die kurze Strecke vom Zug zum Schiff mit unseren Habseligkeiten zurück. Als wir auf dem Schiff waren wurden unsere Namen aufgerufen und unsere Kabinen
zugeteilt. Der Chefsteward bestätigte meiner Mutter, dass
es keinen Platz mehr in der 3. Klasse gab und das wir tatsächlich eine 2. Klassekabine haben würden.

Es war eine kleine Sache, aber es hob unsere Stimmung
enorm. Es stellte sich heraus, dass die 2. Klassekabine
zwei Doppelstockbetten hatte und ein Einzelbett an der
dritten Wand. Meine Mutter und Tante Ruth nahmen eines
der Doppelstockbetten auf der einen Seite, mein Bruder
und ich das andere und Roman nahm das Einzelbett. Es
war leicht unsere Sachen in den Schubladen unterzubringen, weil wir so wenig hatten. In dem Moment haben wir
den Gong gehört und die Ansage, dass das Essen serviert
werden würde. Da wir nicht viel gegessen hatten während
wir auf den Umtausch der Tickets gewartet hatten und
während der Zugfahrt nach Antwerpen, waren dies will-
kommene Neuigkeiten. Wir sahen nach dem Speisesaal
der 2. Klasse, weil wir in der 2. Klasse untergebracht waren. Als wir ihn schlussendlich fanden, schickte uns der
Chefsteward zurück und machte uns unmissverständlich
klar, dass wir im 3. Klasse-Speiseraum würden essen
müssen und dorthin gehen müssen. Schließlich fanden wir
diesen zwei Decks tiefer. Der 3.Klasse Chefsteward erwartete uns bereits und hatte einen Tisch für uns reser-
viert. Er wusste, dass wir Flüchtlinge aus Deutschland waren und dass wir kein Extrageld für Trinkgeld hatten und

obwohl er durchaus freundlich war, verschwendete er keine Zeit auf uns und verschwand, nachdem er uns unseren Tisch gezeigt hatte.

Nach dem Abendessen, welches wir sehr genossen, gingen wir für einen kleinen Spaziergang an Deck. Das Schiff hatte Antwerpen bereits verlassen und es war auf offener See. Es war dunkel draußen und das Schiff war durch Scheinwerfer hell erleuchtet. Wir sahen die Lichter der Belgischen Küste hinter uns verschwinden und vor uns die offene See. Es war eine mondlose Nacht und sehr dunkel bis auf unser hellerleuchtetes Schiff.

Als wir in Antwerpen an Bord der Veendam gegangen waren, hatten wir gesehen, dass an die Seite des Schiffes deutlich der Schiffsname, die Nationalität und die Holländische Flagge gemalt war. Als wir jetzt an Deck standen und über die Reling sahen, konnten wir sehen dass die Schiffsseiten ebenfalls beleuchtet waren so dass alle die Schiffsidentität und Nationalität erkennen konnten. Holland war neutral und der Kapitän des Schiffes wollte bei deutschen U-Booten und vielleicht sogar bei britischen Submarines Missverständnisse bezüglich der Nationalität vermeiden.

Als wir weiter in den Ärmelkanal fuhren, wurde die See rauer und die Veendam, ein Schiff von 15000 Tonnen, klein nach heutigen Maßstäben, begann immer mehr zu schaukeln und zu schwanken. Der englische Kanal ist eine der meistbefahrenen Wasserstraßen und weil es regelmäßige Querströmungen gibt, die das Schiff rollen und schwanken lassen zur gleichen Zeit, wurde dieser Teil der Reise zu einem ungemütlichen Abschnitt. Wir waren noch an Deck um die gesunde Seeluft zu atmen und hielten uns gut fest, während das Schiff immer mehr Seegang hatte, als über die Schiffslautsprecher meine Mutter ins Büro des Zahlmeisters gerufen wurde. Wir alle fünf, meine Mutter, Tante Ruth, Erich, Roman und ich hörten es und machten uns sofort Sorgen, dass mit unseren Tickets irgendetwas nicht in Ordnung war.

Alle gingen zum Büro des Zahlmeisters und standen an seinem Schalter bis jemand uns fragte, was wir wollten. Meine Mutter nannte ihren Namen und teilte dem Zahlmeister mit, dass sie ausgerufen worden war. „Oh ja" antwortete er, „es ist etwas für Sie gekommen." Währenddessen griff er in eine Box und holte einen Umschlag heraus und übergab ihn meiner Mutter.

Meine Mutter riss den Umschlag auf und holte eine 20 Dollarnote heraus. Keine Mitteilung, keine Information, wer sie gesendet hatte, nichts sonst. Nur 20 Dollar. „Wo kommt das her?" fragte sie in den Raum hinein. Keiner hatte eine Antwort. Mein Vater hätte sie aus Danzig gesendet haben können, aber wenn er es getan hätte, dann hätte er eine Notiz mitgeschickt. Uns war sofort klar, dass er es eigentlich nicht gewesen sein konnte. Andererseits hätte er es in einen Umschlag tun können und einfach zum Schiff senden, mit der Hoffnung, dass das deutsche Postamt es durchgehen lassen würde. Das mag der Grund gewesen sein, weshalb keine Notiz dabei war. Nur für den Fall, dass die deutschen Behörden das Geld gefunden hätten, es aber dann nicht hätten zuordnen können, so dass er nicht beschuldigt werden konnte, gegen die deutschen Devisenbestimmungen verstoßen zu haben. Aber es hätte genauso gut die Rotterdamer Jüdische Gemeinde sein können, weil sie wussten dass wir grundsätzlich blank waren mit den 2,50 Dollar pro Person, die uns erlaubt waren aus Danzig mitzunehmen. Wer auch immer es getan hat, er gab uns mehr als diese 20 Dollar. Ganz plötzlich war eine große Hoffnung da, dass alles gut werden würde. Es war zwar nicht viel Geld, aber es war ein Zeichen das uns Zuversicht gab zu einer Zeit, in der wir aufgebrochen waren in ein neues Leben, und in der uns sehr bewusst war, dass es schwer werden würde.

Als wir am nächsten Morgen an Deck gingen, waren wir immer noch im Ärmelkanal. Die See war ruhiger und die Küstenlinie von England war in der Ferne sichtbar. Unser erster Hafen sollte Southampton sein im kriegsführenden England. Langsam näherten wir uns der Küste hinter den Klippen von Dover und dem Kanal zum Hafen. Das Schiff bewegte sich so langsam, das es schien, als ob es stillstehen würde. Als wir uns der Hafeneinfahrt näherten, kamen zwei riesige Betonbauten in Sicht, eines auf jeder Seite. Der rechte stand im Wasser ungefähr 50 Fuß von der Küste entfernt. Der auf der linken Seite war dichter am Flussufer, fast außerhalb des Wassers. Zuerst dachten wir, dass es Bunker wären, die die Hafeneinfahrt mit Gewehren im Inneren schützen würden. Wahrscheinlich waren sie Befestigungen für das Hafenbecken, aber als wir uns näherten sahen wir, dass diese beiden Bauten Stützen waren für eine lange Stahlkette, die zwischen ihnen aufgespannt war. Die Ketten waren außerhalb des Wassers an ihren Endpunkten an dem Betonbau befestigt und wir konnten sehen, wie die Ketten ins Wasser hinuntergelassen wurden, so tief, dass die Veendam drüber hinwegfahren konnte. An der Kette waren wahrscheinlich Stahlnetze befestigt, so dass U-Boote nicht in den Hafen eindringen konnten, um vor Anker liegende Schiffe oder die Docks in Southampton zu attackieren. Die Veendam fuhr langsam weiter und bald darauf sahen wir weitere Sperren. Die Masten und Schlote der Schiffe die in der Fahrrinne versenkt worden waren, ragten über die Wasserlinie heraus und versperrten den direkten Zugang in den Kanal. Das war die zweite Verteidigungslinie gegen das Eindringen der deutschen Kriegsschiffe in den Hafen von Southampton. Langsam bahnte sich die Veendam ihren Weg den Fluss hinauf zum Hafen von Southampton und legte an. Der Aufenthalt war nicht lang. Es gab wenig zum Be- oder Entladen, weil die Veendam ein Passagierschiff war und nur ein paar Passagiere an Bord gingen. Innerhalb von zwei Stunden waren wir wieder auf dem Weg auf offene See. Wir passierten wieder die versenkten Schiffe und die Kette wurde für uns ein weiteres Mal heruntergelassen, so dass wir passieren konnten. Als wir aus dem Fluss auf die offene See kamen holte ein kleines Boot die Veendam ein und eine Leiter wurde an der Seite des Schiffes heruntergelassen. Das kleine Boot manövrierte zu der Leiter und wurde vom Bootshaken festgehalten. Zwei Leute erklommen die Leiter und ungeachtet des leichten Schaukeln des Schiffes schafften es die beiden Menschen an Deck. Ein Matrose der Veendam ging dann die Leiter hinunter und brachte mehrere Taschen eine nach der anderen hoch. Das kleine Boot legte ab und verschwand flussaufwärts. Unser Schiff nahm Geschwindigkeit auf und wir setzten unsere Reise nach Amerika fort. Nach ungefähr einer halben Stunde neigte sich unser Schiff ruckartig zur Seite und wurde langsamer. Wir waren an Deck und schauten auf die sich entfernende Küstenlinie als wir runde stachlige Objekte neben uns im Wasser umherschwimmen sahen. Die Wachen hatten sie gesehen und das war der Grund dafür, weshalb das Schiff langsamer wurde und sich geneigt hat, weil es eine Ausweichbewegung gemacht hatte. Wir waren in einem schwimmenden Minenfeld. Niemand wusste ob sie dort von den Deutschen oder der britischen Navy platziert worden waren. Aber das machte für Niemanden auf dem Schiff einen Unterschied. Es schien als trieben sie frei herum und wahrscheinlich hatten sie sich von ihren Befestigungen dichter an der Küste dran gelöst. Durch diese Vorboten des plötzlichen Todes überall um uns herum, wurde der Kapitän der Veendam sehr vorsichtig und wir fuhren sehr langsam weiter. Aber wir waren atemlos und wie hypnotisiert durch den Anblick dieser treibenden stachligen Bomben, die das Schiff hätten zerstören können und uns mit. Später erfuhren wir von einem Mitglied der Crew, dass eine der Mienen bis auf wenige Zentimeter an das Schiff herangekommen war. Als wir an den treibenden Mienen vorbeigefahren waren und wir immer noch Land sehen konnten beobachteten wir das Meer um uns herum sehr aufmerksam. Wer weiß welche anderen Gefahren dort draußen auf uns lauerten. Wir redeten nicht viel. Nur ein paar Ausrufe in der Art: "Guck mal, was ist das da?" wenn einer von uns einen Vogel sah, der dicht übers Wasser flog oder ein Stück Treibholz. Aber so sehr wir auch guckten, wir sahen nichts als Wasser. Bis ich etwas sah, was wie eine aus dem Wasser ragende Stange aussah. Es war eine kurze Stange und bewegte sich nicht mit der Wellenbewegung mit. „Da ragt eine Stange aus dem Wasser, es könnte ein U-Boot sein." schrie ich. Jeder guckte und mit Sicherheit sah jeder die Stange die aus dem Wasser ragte ein wenig rechts vor uns. Als das Schiff dem Objekt näher kam, konnten wir sehen, dass die Spitze der Stange ausgerichtet war und direkt auf uns zeigte. Es war klar dass die Stange ein Periskop von einem U-Boot war. Aber von wem? Wir haben es nie herausgefunden. Das Periskop sah uns vorbeifahren und wir alle waren der Meinung, dass es eine wunderbare Sache war, dass die neutrale Nationalität der Veendam deutlich sichtbar an den Seiten des Schiffes zu erkennen war.

Es war gerade Essenszeit als wie die englische Küste verließen und nach all der Angst und Aufregung durch die treibenden Mienen und das U-Boot, das uns beobachtete, gingen wir zum Speisesaal um zu essen, in der Hoffnung dass das Essen uns ein wenig beruhigen würde. In dem Moment fing das Schiff zu schaukeln und zu rollen an. Als wir uns an unseren Tisch setzten, wurde das Schaukeln und Rollen stärker und die Speiseraumstewards bekamen erhebliche Probleme, das Essen zu servieren. Zuerst mussten sie die Suppenterrinen festhalten, damit die Essenden nicht bespritzt wurden und dann sammelten sie die Gedecke von den Tischen der Leute ein, die nicht gekommen waren, vermutlich weil sie Seekrank waren. Bei ein paar Tischen waren sie nicht schnell genug, sodass ein paar Teller auf die Erde krachten und zerbrachen. Dann vollführten die Kellner einen Balanceakt mit den Platten des Hauptganges, was sie ziemlich perfekt machten und zum Schluss wurde das Dessert und Kaffee serviert. Insgesamt machten es die Kellner sehr gut und nur ein paar Geschirrteile mit Essen wurden runtergeschmissen aber nicht auf die essenden Gäste. Das schwere Wetter im Kanal war nur ein Vorgeschmack auf die Dinge die noch kommen sollten. Es war fast Ende Oktober 1939 und wir waren gerade im Begriff auf den Nordatlantik zu fahren, wo es häufig Stürme im Herbst und im Winter gibt. Der Ärmelkanal war nur eine Kostprobe dessen, was noch auf uns wartete bei unserer Überfahrt.

Zeit zum Nachdenken

Trotz des schlechten Wetters und des konstanten Wogens und Rollens der Veendam in schwerer See waren wir erleichtert an Bord zu sein. Wir hatten noch über zwei Wochen Schiffsreise vor uns. Obwohl die Veendam ein robustes Schiff war, war sie sicher nicht geeignet, Passagieren abwechslungsreich die Zeit zu vertreiben. Es gab komfortable Aufenthaltsräume zum Lesen oder Schachspielen, und der Schiffs-Nachrichtensprecher brachte die neuesten Tagesnachrichten und den Wetterbericht, welchen wir gierig studierten. Aber abgesehen davon und von Spaziergängen an Deck, soweit das Wetter es erlaubte, gab es nichts zu tun, besonders für die jungen Leute wie uns. Das bedeutete, dass wir viel Zeit hatten darüber nachzudenken, was wir verlassen hatten und was uns erwartete, wenn wir in New York landeten.

Wir sprachen über unseren Vater, und wann er in der Lage sein würde nachzukommen. Der Weg nach Westen war noch offen, und wir waren sicher, dass er die gleiche Route wie wir nehmen oder nach Schweden gehen würde, um dort ein Schiff nach New York zu finden. Aber für den Moment wussten wir, dass er wenig Aussichten hatte, ein amerikanisches Visum zu bekommen und Danzig zu verlassen. Es war ein gewisser Trost, dass er dort nicht alleine war. Die Eltern meiner Mutter waren noch in Danzig, ebenso Moritz. ein Bruder meines Vaters, ein Rechtsanwalt, und seine Frau Betty, außerdem einige Cousins, die nicht emigriert waren. Aber es war ein schwacher Trost, denn es war unmöglich herauszufinden, wie die

Situation jetzt war und was unser Vater und die anderen unserer Familie, die zurückgeblieben waren, zu erleiden hatten. Der einzige Hoffnungsschimmer war die ruhige Kriegssituation. Ende Oktober waren England und Frankreich seit acht Wochen im Krieg mit Deutschland, aber von einem richtigen Kampf wurde in den Schiffsnachrichten nicht berichtet. Es sah so aus, als ob der Krieg zum Stillstand gekommen und eine Pattsituation entstanden war. Es gab einige Berichte, dass Schiffe durch deutsche U-Boote im Atlantik versenkt worden seien, aber der Krieg an Land war unterbrochen.

Die Grenzen zwischen Deutschland und Frankreich blieben wie sie waren, und wir lasen viel darüber, wie die Siegfried- und Maginot-Linien, von denen in den Nachrichtenbulletins ständig die Rede war, alle militärischen Bewegungen an der deutsch-französischen Grenze angehalten hatten. Meine Mutter dachte, es müsste zu irgendeiner Art Einigung zwischen England und Frankreich einerseits und Deutschland andererseits kommen. Einige andre Passagiere der Veendam waren der Meinung, dass Hitler nicht stark genug sei für den Kampf gegen Frankreich, ein Land mit einer der besten Armeen in Europa. Und sie fügten hinzu, dass die britische Marine zu stark sei für Deutschland. Aber fast jedes Mal bei diesen Diskussionen war das Ergebnis dasselbe: Hitler würde Westpolen nehmen, das er innerhalb von zwei Wochen erobert hatte, einen Deal mit den Russen machen, die die östliche Hälfte von Polen okkupiert hatten, und verkünden, dass das Ziel der deutschen Expansion , das er *Lebensraum* nannte, erreicht sei. Dann würde er mit England und Frankreich Frieden machen. Und die Briten und Franzosen würden froh sein über das Agreement, weil es vorteilhafter wäre, die Garantien für Polen fallenzulassen anstatt zu Hilfe zu kommen. Es wäre praktisch dasselbe, was sie mit der Tschechoslowakei gemacht hatten. Den Krieg fortzusetzen und sich auf einen langwierigen Kampf einzulassen würde zu viel Menschenleben und Material kosten. An Bord waren viele politische Sesselexperten, die das glaubten.

Wie sich herausstellte, lagen sie allesamt falsch. Viele von ihnen waren deutsche Juden, geflüchtet vor den Nazis, um ein neues Leben in den Vereinigten Staaten zu beginnen, so wie wir. Viele hatten Familienangehörige zurücklassen müssen. Fast alle von ihnen, die Angst um ihr Leben in Deutschland hatten, konnten nicht verstehen, wie es zu diesem schrecklichen Unrecht gekommen war. Für jeden von ihnen war Deutschland ihre Heimat, und sie betrachteten sich als Deutsche.

„Natürlich", sagte einer von ihnen, „hatten wir Antisemitismus in Deutschland schon vor Hitler. Aber das war gering, und es war wie überall in Europa. Wir konnten damit fertigwerden. Aber wir hätten nie gedacht, dass Hitler die Drohungen, die er in seinen Reden von sich gab, wirklich wahrmachen würde."

Er sprach für alle. Keiner von uns konnte begreifen, dass viele von unseren früheren nichtjüdischen Freunden und Bekannten den Hass der Nazis gegen die Juden übernahmen und sich zu eigen machten. Keiner von uns konnte die Tatsache begreifen, dass sich die Gesellschaft, in der wir aufgewachsen waren und die wir so gut kannten, mit solchem Hass und solcher Brutalität gegen uns wendete. Es war eine harte Lektion, aber eine, die immer tief in meinem Inneren verwurzelt sein wird.

Über den Nordatlantik

Der Nordatlantik in der letzten Oktoberwoche entsprach den Erwartungen. Es war stürmisch und gefährlich. Obwohl wir nicht die leiseste Ahnung hatten, dass im Oktober und November im Atlantik noch Hurrican-Saison herrscht, fanden wir schnell heraus, dass die Veendam und wir mit ihr während der Überfahrt starken Seegang würden aushalten müssen. Als wir Southampton verließen, hatten wir einen ersten Vorgeschmack auf schwere See und heulenden Wind. Sobald wir den Ärmelkanal verließen und in den Atlantischen Ozean kamen, begann die Veendam zu stampfen und mehr und mehr zu schlingern. Der Wind war stark, aber noch nicht so stark, dass er uns hindern konnte an Deck zu gehen und die Wellenberge anzusehen. Je weiter wir nach Westen kamen, umso schlechter wurde das Wetter, und nach ein paar Tagen langsamer Fahrt sagte der Schiffswetterbericht voraus, dass wir am nächsten Tag eine Windgeschwindigkeit von 11 auf einer Skala bis 12 haben würden, und dazu heftigen Regen. An diesem Tag ging niemand an Deck. Obwohl das Schiff zeitweilig auf beängstigende Weise schaukelte und rollte, wurde keiner von uns seekrank. Der nächste Tag war ein bisschen besser, und Erich, Roman und ich baten meine Mutter um Erlaubnis, an Deck gehen zu dürfen, um etwas frische Luft zu schnappen. Sie war einverstanden, und so gingen wir drei an Deck und marschierten laut singend auf dem Schiff umher. Der Regen hatte aufgehört, der Wind war noch stürmisch, wenn auch nicht so stark wie am Tag zuvor, doch die frische Brise fühlte sich gut an nach einem ganzen Tag im Schiffsinneren. Anscheinend fühlte sich an diesem Tag niemand weiter zu

Spaziergängen aufgelegt, so dass wir das nasse Deck für uns allein hatten. Glücklicherweise war das schlechte Wetter vorbei, nach dem heftigen Sturm beruhigte sich die See, und der Rest der Reise nach New York verlief ereignislos.

Ankunft

Wir kamen im Hafen von New York ungefähr um zwei Uhr morgens am 10. November 1939 an. Unsere Ankunft war einen Tag vorher angekündigt worden, was bedeutete, dass die meisten der Passagiere einschließlich unserer kleinen Gruppe sehr wenig geschlafen hatten. Die Veendam hatte direkt vor dem Hafen geankert in den Narrows, dem Einlass zum New Yorker Hafen zwischen Staten Island und Brooklyn, und wir waren an Deck und sahen die Lichter von New York lange bevor das Schiff anhielt. Das Schiff war nahe genug an der Freiheitsstatue, so dass wir sie deutlich sehen konnten und wir schauten sie an mit allen Anderen zusammen in schierem Unglauben, dass wir es tatsächlich nach Amerika geschafft hatten. Die Statue war hell erleuchtet, die Lichter von Manhattan blinkten vor uns und wir konnten Autos mit ihren Scheinwerfern sehen, die an der Küste auf unserer rechten Seite entlangfuhren, von der wir später erfuhren, dass es Brooklyn war. Das Wetter war angenehm warm und wir blieben an Deck ungefähr bis 6.30 Uhr, als ein kleines Boot die Veendam erreichte und festmachte. Mehrere Männer kletterten die Leiter herauf, die zum Boot hinabgelassen war. Wir fanden später heraus, dass die Leute die an Bord kamen, Zollbeamte und Vertreter der Einwanderungsbehörde sowie Angestellte der Gesundheitsverwaltung waren. Dann war es Zeit für das letzte Frühstück auf der Veendam und nach dem Frühstück gingen wir zurück zu unserer Kabine um unsere paar Habseligkeiten fertig zu packen. Ungefähr um 8 Uhr wurde der Anker gelichtet und die Veendam bewegte sich langsam den Hudson River hinauf, diesmal mit einem Lotsen an Bord und ungefähr eine Stunde später legten wir an am Dock der Holland-Amerika-Linie in Hoboken. Während der Fahrt den Hudson hinauf wurden meine Mutter und meine Tante aufgerufen. Sie mussten Fragen beantworten, die die Beamten der Einwanderungsbehörde stellten. Das war nur ein flüchtiger Check, da unsere Visa in Ordnung waren und wir nur sehr wenig Besitz hatten.

Es gab eine Menge Durcheinander an Deck, nachdem das Schiff angelegt hatte. Die Passagiere begrüßten ihre Freunde und Verwandten, die gekommen waren, um sie zu treffen. In diesem Durcheinander verloren wir Roman aus den Augen. der verschwand. Wir suchten überall an Deck, aber wir konnten ihn nicht finden. Wir gingen durch die öffentlichen Räume des Schiffs und in unsere Kabine und fragten die Schiffsbesatzung, die sich an ihn erinnern konnten, ihn aber nicht gesehen hatten. Alles was wir in diesem Moment tun konnten, war dass er seine Verwandten getroffen hatte und mit ihnen gegangen war ohne Auf Wiedersehen zu sagen aufgrund der Gefühle, der Aufregung, des Durcheinanders bei der Ankunft nach der langen Reise. Bald nachdem das Schiff angekommen war trafen wir den Bruder meiner Mutter, Onkel Hans, der an der Anlegestelle auf uns gewartet hatte. Er war erst ein Jahr zuvor in den Vereinigten Staaten angekommen, nachdem er während eines Verhörs durch die Nazis geflüchtet war. Meine Mutter erzählte uns, dass Onkel Hans von der SA, den Braunhemden inhaftiert worden war. Sie hatten ihn zum Braunen Haus, ihrem Hauptquartier in Berlin, zu einem Verhör gebracht.

Onkel Hans war Arzt und hatte in Berlin gelebt und gearbeitet als Praktischer Arzt seit irgendwann in den 1920er Jahren. Er war verheiratet aber hatte keine Kinder.

Während des Verhörs wurde er festgehalten in einem Büro in dem Braunen Haus. Irgendwann während der Vernehmung verließ der Fragensteller den Raum. Dadurch wurde Onkel Hans in dem Raum zurückgelassen nur mit einer Sekretärin. Im selben Augenblick fragte Onkel Hans die Sekretärin, wo sich die Männertoilette befand, und sie sagte ihm dass er aus der Tür und den Gang hinuntergehen müsse. Sie erlaubte ihm den Raum allein zu verlassen, wahrscheinlich weil das Gebäude gut bewacht war und eine Flucht nicht für möglich gehalten wurde. Sobald er aus dem Büro herauskam, steckte er sich sein Eisernes Kreuz an, dass er mitgebracht hatte und das ihm verliehen worden war für seine Verdienste im Ersten Weltkrieg und ging zum Straßenausgang und fragte dort den Wachmann nach einem Restaurant für ein Mittagessen und erzählte ihm, dass er gerade erst nach Berlin versetzt worden war.

Der Wachmann gab ihm eine Wegbeschreibung zu einem Restaurant und Onkel Hans folgte der Beschreibung und als er außer Sichtweite war, machte er sich auf den Weg zu seiner Garage um sein Auto zu holen. Dann rief er seine Frau an, erzählte ihr was passiert war und fuhr direkt zur tschechoslowakischen Grenze und dann weiter nach Prag. Seine Frau wurde leider von den Nazis später inhaftiert aber anschließend wieder entlassen und kam auch in die Vereinigten Staaten, ein Jahr später.

Wir waren sehr glücklich Onkel Hans zu sehen, als er an Bord kam um uns beim Verlassen des Schiffes zu begleiten. Er war Familie und es beruhigte uns jemanden zu haben, der mit unserer neuen Umgebung vertraut war. Aber wir mussten noch durch die Zollkontrolle. Als wir vom Schiff herunterkamen, wartete ein Zollbeamter auf uns. Das erste was er uns fragte war, ob wir irgendwelche Nahrungsmittel dabeihatten. Nachdem mein Onkel für meine Mutter übersetzt hatte, sagte sie dass sie zwei Orangen und etwas Käse aus dem Speiseraum beim Frühstück mitgenommen hätte. Der Zollbeamte wollte sie sehen und sagte, dass die Einfuhr von Lebensmitteln nicht erlaubt sei in die Vereinigten Staaten und er nahm sie meiner Mutter weg. Dann fragte er, ob wir irgendwelche zollpflichtigen Waren hätten. Da wir sehr wenig Gepäck hatten entschied er sehr schnell, dass wir nichts Zollpflichtiges hatten und erlaubte uns weiterzugehen. Es war ein großes Gefühl der Erleichterung für uns alle, als wir endlich die Vereinigten Staaten betreten durften.

Wir nahmen unsere kleinen Koffer und ich fragte, ob ich auf die Toilette gehen könnte. Onkel Hans beschrieb mir den Weg und als ich am Urinal stand kam ein sehr großer schwarzer Mann und stand an dem nächsten Urinal direkt neben mir. Es war das erste Mal, dass ich so nah neben einem schwarzen Mann stand. Es war eine ziemliche Überraschung. Es gab keine schwarzen Einwohner in Danzig nur einmal gingen wir in einen Zirkus, dort gab es einen schwarzen Darsteller. Das war die einzige schwarze Person die ich jemals gesehen hatte und dann auch nur aus der Ferne, bis zu der Begegnung am Dock in Hoboken.

Als ich von der Toilette zurück kam folgten wir Onkel Hans den Pier entlang und ein paar Stufen herunter zur Straße, wo er sein Auto geparkt hatte. Das Auto stellte sich als ein sehr kleines altes Coupe´ heraus mit einem Notsitz. Meine Mutter, Tante Ruth und Onkel Hans zwängten sich nach vorne auf den Sitz und Erich und ich bekamen den Notsitz. Mit den Koffern auf dem Schoß waren wir bereit zur Abfahrt. Onkel Hans drückte den Starter in dem kleinen Auto, es war wahrscheinlich ein 1934er oder 1935er Modell, aber der Motor sprang nicht an. Er versuchte es noch einmal aber wieder passierte nichts. Onkel Hans schaute dann aus dem Seitenfenster und bat uns vom Notsitz runterzukommen und das Auto anzuschieben, damit es startete. Glücklicherweise war die Straße ein bisschen abschüssig und Erich und ich waren in der Lage, das Auto leicht anzuschieben. Sofort startete der Motor, hustete und dann lief er ohne Probleme. Onkel Hans hielt das Auto an, wir kletterten zurück auf den Notsitz und dann ging es nach New York City. Es war eine wunderbare Fahrt mit dem Blick auf die New Yorker Skyline mit ihren hohen Gebäuden, die wir von unserem Open Air Sitz aus sahen, als wir die George Washington Brücke überquerten und dann durch Manhattan zur 92. Straße West fuhren, wo Onkel Hans uns ein Zimmer gemietet hatte. Das war unsere erste Unterkunft in New York und wir blieben dort für ungefähr zwei Wochen.

New York

Wir waren überwältigt von der Größe von New York.
Erich und ich dachten, dass Berlin groß war, aber die
Fahrt durch die Stadt zeigte uns, dass New York viel größer war, viel höhere Gebäude hatte, mehr Autos und viel
mehr Menschen. Als wir in unserem Zimmer ankamen
galt die erste Sorge meiner Mutter meinem Vater. Wir
hatten von ihm nichts mehr gehört seit über drei Wochen
und wir wollten alle wissen, dass es ihm gut ging und wie
die Möglichkeiten waren, Danzig zu verlassen und zu uns
zu stoßen. Sie schrieb ihm sofort eine Postkarte an unsere
alte Adresse in Langfuhr, betreffend alles was passiert
war. Aber sie erwähnte nicht die Vorfälle an der Deutschen Grenze und sie bat ihn sofort zu antworten.

Neben Onkel Hans war auch Joseph, der Bruder meines
Vaters nach New York eingewandert. Er war auch ein
Doktor und erst kürzlich gekommen, aber offensichtlich
mit etwas Privatvermögen, da er ein großzügiges Appartement am Central Park West hatte, mit Blick auf den
Park. Ich bin nicht sicher ob er alle Zulassungsprüfungen
schon hinter sich hatte als wir ankamen, die er brauchte
um praktizieren zu können in New York. Aber er und
seine Frau schienen finanziell abgesichert zu sein. Onkel
Joseph war ein wenig distanziert, aber seine Frau war
freundlich und zuvorkommend und lud uns ein die Macys
Thanksgiving Day Parade von ihrem Appartement aus zu
sehen und danach zum Dinner zu bleiben. Sie erinnerte
sich außerdem an meinen 11. Geburtstag, meinem ersten
in den Vereinigten Staaten, sechs Tage nach unserer Ankunft in New York. Sie hatte einen Kuchen mit einer Ge-
burtstagskarte vorbeigebracht, den wir vor der Tür unseres

kleinen Raums fanden, als wir von einigen Erledigungen nach Hause kamen. Und sie war diejenige die erwähnte, dass mein erster Name, das sehr deutsche „Gerd" in Amerika nicht gehen würde. Sie schlug vor, meinen mittleren Namen Michael stattdessen zu benutzen. Es war ein Vorschlag, den ich sofort akzeptierte und niemals bereute.

Um uns finanziell zu helfen, hatte Onkel Hans Kontakt aufgenommen zur HIAS (Hebrew Immigrant Assistance Society), da diese Organisation sich verpflichtet hatte, bedürftige Juden die in die Vereinigten Staaten kamen, zu unterstützen. Wir gehörten offensichtlich zu den Bedürftigen, denn für uns vier hatten wir nur 30 Dollar, die nicht mehr als die nächsten paar Tage reichten. HIAS half sofort, indem sie die Miete für unseren Raum bezahlten und mit einer kleinen Beihilfe für Lebensmittel. Aber HIAS hatte auch eine Bedingung der wir folgen mussten, wenn die Unterstützung fortgesetzt werden sollte bis meine Mutter uns selbst ernähren konnte. Sie sagten meiner Mutter und meiner Tante, dass es in New York keine Arbeit gab wegen der andauernden Wirtschaftskrise, und dass wir in eine andere Stadt gehen müssten. Sie sagten, dass wir nach St. Louis gehen müssten, wo meine Mutter und meine Tante beide in der Lage sein würden Arbeit zu finden. Das war ein Schock für uns. Meine beiden Onkel genauso wie eine Cousine, Irma, waren alle in New York. Und wir dachten, dass angesichts der Schwierigkeit die Sprache zu verstehen und der Notwendigkeit mit unserer neuen, ungewohnten Situation umzugehen, es nötig ist in der Nähe der Familie zu bleiben, die uns Unterstützung geben könnte unsere Anpassung in Amerika zu erleichtern.

New York zu verlassen, wo die Familie ist, war nicht so

eine einfache Sache für uns. Nach St. Louis zu gehen, über das wir absolut nichts wussten, bedeutete die Trennung von den wenigen Familienmitgliedern, die wir mit in Amerika hatten die uns jede Unterstützung und Tipps geben konnten, wie wir mit unserer neuen Situation fertig werden sollten. Meine Mutter und meine Tante Ruth waren die die Entscheidung, ob in New York bleiben oder nach St. Louis zu gehen treffen mussten. Nach einigen Diskussionen empfahlen auch meine Onkel, zu tun, was die HIAS gefordert hat. Letztlich war es das Geld, dass die Entscheidung herbeiführte. Nach kurzen zwei Wochen in New York, waren wir in einem Bus nach St. Louis unterwegs.

Die Busfahrt war lang. Wir verbrachten zwei Tage und eine Nacht im Bus, hielten nur zum Essen und Schlafen im Bus. Die Passagiere im Bus waren eine gemütliche Gruppe, die viel Zeit damit verbrachte, Lieder zu singen um die Langeweile der langen, endlosen Fahrt zu verkürzen. Eine Sache die die Busfahrt für uns gebracht hat, war dass wir die Gelegenheit hatten, die Weite des Landes zu realisieren. Während der zwei Tage und der einen Nacht die wir reisten, war das ganze Land noch nicht durchquert und somit eine große Quelle des Staunens für uns, da wir an Europa gewöhnt waren, wo die Länder vergleichsweise klein waren. Meine Mutter bemerkte auch die guten Straßen auf denen der Bus unterwegs war. Das war um einiges anders als gewohnt. Viele der europäischen Straßen, die wir kannten, speziell solche um Danzig waren gepflastert mit Pflastersteinen, so dass die Reise mit dem Auto oder Pferdewagen holprig und unbequem war. Die Verkehrswege, auf denen der Bus nach St. Louis unterwegs war, waren asphaltiert, relativ glatt und recht komfortabel.

St. Louis

Wir kamen Ende November 1939 in St. Louis an. Die Weltwirtschaftskrise war noch ein großes Problem, und das Leben blieb für viele schwierig, weil die Arbeitslosenquote sehr hoch war. Ein Vertreter der Hilfsgemeinschaft für jüdische Immigranten traf uns an der Bushaltestelle und erzählte uns, dass sie uns ein Zimmer in einem Privathaus gemietet hatte und dass unsere unmittelbaren Bedürfnisse für Miete und Essen abgedeckt wurden. Als wir an unserer neuen Unterkunft ankamen, wurden wir von der Familie, der das Haus gehört begrüßt. Der Ehemann war der Besitzer eines Juweliers und er war dort mit seiner Frau und Tochter. Sie hatten ein großes Haus und sie hatten zwei ungenutzte Räume, in die wir ziehen durften. Ein Zimmer war für Tante Ruth und das andere, größere, war für meine Mutter, meinen Bruder und für mich.

Die Familie war herzlich und fürsorglich und fragte uns, ob sie etwas für uns tun könnte. Meine Mutter lehnte dankend ab, mit den paar Worten Englisch, die sie in den vergangenen zwei Wochen aufgeschnappt hat. Dann haben wir unsere wenigen Habseligkeiten ausgepackt und uns eingelebt.

Der erste Punkt auf der Tagesordnung war für Erich, der von nun an seinen Namen ins Englische übertrug, Eric, und für mich die Schule zu beginnen. Weder Eric noch ich hatten nützliche Kenntnisse der englischen Sprache, obwohl wir versucht haben, es aus einem Anfängerlehrbuch zu lernen, bevor wir Danzig verlassen haben. Als Ergebnis haben wir in den Klassen unterhalb unserer Altersstufe gelernt, nachdem meine Mutter uns an der öffentlichen Schule registriert hatte. Aber das sollte nicht sehr lange dauern. Unsere Fähigkeit Englisch zu sprechen und zu lesen verbesserte sich schnell und bald waren wir in Klassen unserer Altersgruppe. Außerdem hat uns meine Mutter in der lokalen "Y" (Young Men's Hebrew Organization) eingeschrieben, um uns an den Nachmittagen auf Trab zu halten, wenn die Schule aus war. Es wurden nützliche Dinge, wie Sport, und andere Programme vom "Y" angeboten.

Ich glaube nicht, dass die Mitgliedschaft in der "Y" kostenlos war, aber ich weiß, dass meine Mutter nichts für uns zahlen musste. Es war wahrscheinlich die HIAS (Gemeinschaft jüdischer Immigranten) oder jemand anderes, die die Kosten übernahmen.

St. Louis war eine schmutzige Stadt im Winter, der bald nach unserer Ankunft begann. Der Grund dafür war, dass jeder weiche Kohle zum Heizen verbrannte. Nur ein oder zwei Blocks die Straße herunterzulaufen, war genug, um danach eine gründliche Reinigung von Gesicht und Hände vorzunehmen. Kleider waren durchdrungen mit Kohlenstaub und Asche und sie roch schlecht, was häufiges Waschen erforderte. Die Stadt hatte ein öffentliches Verkehrsnetz mit Straßenbahnen, die im Winter zur Heizung Braunkohle in einem kleinen Ofen verbrannten, was natürlich zur Luftverschmutzung beitrug. Auf der großen Straße in der Nähe unseres Wohnortes gab es auch ein Jitney-System von Autos, die Delmar Street entlang fuhren, eine gerade Durchgangsstraße, die von den Vororten in die Innenstadt ging. 15 Cent, entweder in die Innenstadt oder Uptown. Der Sommer, den wir in St. Louis verbrachten war sehr heiß, aber viel besser, weil der Kohlenstaub verschwunden und die Luft viel sauberer war.

Nach ein paar Wochen lernte meine Mutter eine Familie kennen, die ein Landhaus hatte, eigentlich war es ein kleiner Reiterhof, knapp außerhalb der Stadtgrenzen. Zwei oder drei Mal während des Frühlings und Sommers wurden wir eingeladen, sie zu besuchen. Um dies zu tun, mussten wir eine Straßenbahn zum Ende der Zeile nehmen und dann etwa eine Meile zu Fuß, um ihre Farm zu erreichen. Auf einem dieser Besuche fragten unsere Gastgeber, ob einer ihrer Angestellten etwas aus dem Laden, der eine Fahrt erforderte, mitbringen sollte. Der Angestellte war ein lustiger und freundlicher, schwarzer Mann. Er fragte mich, ob ich mitkommen wollte. Ich war aufgeregt, das zu tun und fragte meine Mutter, ob ich gehen konnte. Sie gab ihre Zustimmung und ich kletterte auf den Beifahrersitz des Autos. Wir fuhren die Landstraße entlang, der Angestellte singend, und hatten eine tolle Zeit. Nach etwa zehn Minuten fragte er mich, ob ich wüsste, wie man ein Auto fährt. Ich sagte ihm, dass ich es nicht tat. Er sagte, ich solle das Lenkrad halten, so dass ich lernen konnte. Ich ging näher an das Lenkrad und hielt es fest. Leider war ich sehr schlecht darin das Auto zu lenken und fast kamen wir von der Straße ab. Der Fahrer nahm schnell das Lenkrad mit einem Lachen und sagte "Du hast gerade auf den Telefonmast zugesteuert. Du brauchst noch viel Übung. " Obwohl ich nicht sehr gut gefahren bin, fühlte es sich gut an, dass ich es versucht hatte. Natürlich habe ich, als wir zurückkamen, nichts gesagt. Meine Mutter wäre böse gewesen und hätte sich bei unserem Gastgeber über den Mann beschweren können.

Es war ebenfalls St. Louis, wo ich meinen ersten Job hatte. Bald nach der Ankunft bemerkte ich, dass Jungen in meinem Alter Zeitungen austrugen und sie auf der Straße verkauften. Ich dachte, ich könnte das auch tun und bat einen Zeitungsverkäufer an einer Straßenecke in der Nähe, dass er mich anstellen sollte, um Zeitungen zu verkaufen. Er musterte mich und überlegte, ob ich alt genug war und sagte: "Ja". Erst mal lieh ich mir einen kleinen Wagen von unserem Vermieter und zog durch lokale Straßen um Zeitungen zu verkaufen, die der Hersteller mir gab. Ich muss gut gearbeitet haben, denn bald bat mich der Verkäufer, ihn auf seiner Straßenecke zu ersetzen, wenn er etwas zu tun hatte, das ihn von seinem Stand wegzog. Ich machte das für ein paar Monate im Frühjahr und Sommer von 1940, verdiente ein paar Dollar, die ich meiner Mutter gab.

Das Jahr in St. Louis war auch geprägt von der fiebrigen Sorge, was mit meinem Vater passiert war. Wir erhielten Postkarten von ihm in unregelmäßigen Abständen. Man sagte uns, dass er aus unserer Wohnung in Langfuhr ausziehen musste, in eine viel kleinere Unterkunft irgendwo im Zentrum der Stadt und er musste es mit anderen teilen. Er bat uns, ihm Kleidung und Seife, und alles, was wir konnten zu senden. Meine Mutter nutzte das wenige Geld, das wir hatten, um ihm die Kleidung und die anderen Gegenstände, um die er gebeten hatte zu kaufen und wir gingen alle auf die Post, um ihm die Sachen zu schicken. Seine Postkarten nach der ersten klangen zunehmend verzweifelt und er schrieb uns nie, dass er unsere Pakete erhalten hatte, obwohl wir mehrere gesendet hatten, als er noch in Danzig war. Dann gab es eine lange Zeit, in der keine Post von meinem Vater kam. Schließlich eine weitere Postkarte, dieses Mal aus dem Ghetto in Warschau. Er wurde deportiert und lebte in extrem überfüllten Vierteln mit begrenzten Sanitäranlagen. Er fragte noch einmal nach Kleidung und allem anderen, was meine Mutter schicken konnte. Mit der neuen Adresse in der Hand, schickte meine Mutter ihm mehrere Pakete. Nur eines kam, meiner Erinnerung nach, an.

Seine Situation war jetzt hoffnungslos. Kurz nachdem wir seine erste Postkarte aus dem Warschauer Ghetto erhielten, wurde uns gesagt, dass sein amerikanisches Visum fertig zur Ausstellung sei. Zu spät! Er konnte nicht zu einem amerikanischen Konsulat gelangen, da es im Ghetto keines gab und es war ihm verboten es zu verlassen. In der Hoffnung, dass mein Vater in der Lage sein würde nach Amerika zu fliehen, bevor er nach Warschau deportiert wurde, hatte meine Mutter ein Geschenk von $ 300 von einem völlig Fremden erhalten, um für seine Überfahrt nach Amerika zu bezahlen. Aber einmal im Ghetto, erkannte meine Mutter, dass er niemals die Erlaubnis bekommen würde, es zu verlassen und sie beschloss widerwillig und mit Trauer, die 300 $ zurückzugeben. Nun gab es keinen Ausweg für ihn, einmal im Ghetto, war es unmöglich, es zu verlassen. Er musste in diesem Elend bleiben, unter entsetzlichen, unmenschlichen Bedingungen. 1940 war Amerika noch in Frieden und ein paar Postkarten kamen noch an, während wir noch in St. Louis waren. Er bat uns alles zu schicken was wir konnten, denn, so sagte er, er würde alles verkaufen, was er selbst nicht nutzen konnte. Soweit wir es beurteilen konnten, kam keines dieser späteren Pakete, die wir in das Ghetto schickten mehr an.

Obwohl Tante Ruth und meine Mutter sehr aktiv auf der Suche nach Arbeit waren, gab es keine Möglichkeit in St. Louis etwas zu finden. Aus diesem Grund beschloss Tante Ruth, nach New York zurückzukehren. Als sie dort ankam, fand sie fast sofort Arbeit in einer Fabrik, die Damenunterwäsche produziert. Sie schrieb meiner Mutter, dass es Arbeit gab und dass wir ebenfalls nach New York kommen sollten.

Es war mittlerweile Winter 1940 und meine Mutter beschloss, dass St. Louis zwar sehr gastfreundlich in vielerlei Hinsicht war, aber kein Ort, wo sie uns drei versorgen konnte. Also machte sie Pläne, um meiner Tante zu folgen. Im Dezember saßen wir wieder in einem Bus nach New York.

Zurück in New York

Die Busfahrt zurück nach New York war ähnlich der nach St. Louis. Wir waren für zwei Tage und eine Nacht unterwegs, schliefen im Bus und hielten alle paar Stunden für eine Pause. Die Raststätten waren immer in Restaurants entlang der Autobahn, allesamt von gleichmäßig schlechter Qualität. Aber wir konnten es uns nicht leisten, in besseren Restaurants zu essen. Wir waren froh aus dem Bus heraus zu kommen, unsere Beine zu strecken und etwas zu essen, egal wie schlecht auch immer das Essen war. Als wir in New York ankamen, wartete Onkel Hans auf uns am Busbahnhof. Er hatte immer noch das kleine Auto, mit dem er uns von der Veendam abgeholt hatte, aber dieses Mal sprang es gleich an, als wir einstiegen. Wir mussten also nicht anschieben. Onkel Hans ist nach Astoria in Queens gezogen, direkt am East River gegenüber von Manhattan, wo er seine Arztpraxis eröffnet hat und erste Patienten hatte. In der ersten Nacht übernachteten wir in seiner Wohnung, in der auch sein Büro und Praxiszimmer war. Nach unserer ersten Nacht in seiner Wohnung, erzählte er uns, dass er ein Zimmer für uns gemietet hat, nicht weit von wo er lebte. Am nächsten Tag zogen wir in das gemietete Zimmer und meine Mutter fing an Arbeit in Männerbekleidungsgeschäften zu suchen. Sie fand schnell eine Stelle in der Änderungsschneiderei von einem der Männerläden. Die Bezahlung war minimal, sogar für jene düsteren wirtschaftlichen Zeiten, nur $ 13 pro Woche. Aber es war genug, um bald eine kleine Wohnung an der Steinway Street in Astoria mieten zu können. Sie hatte ein Schlafzimmer, eine veraltete Einbauküche im Wohn-und Esszimmer und Badezimmer im alten Stil. Es war nicht viel von einer Wohnung, aber es war die erste Wohnung, die wir in Amerika hatten, nicht ein gemietetes Zimmer in der Wohnung von jemand anderem, und es machte uns glücklicher als wir seit langer Zeit gewesen waren.

Verheerende Nachrichten

Nachdem wir seit einem Jahr in Amerika waren, sprachen Eric und ich fließend Englisch und es war Zeit, wieder zur Schule gehen. Eric ging an die Junior High School 121 in die siebente Klasse und ich ging zur Public School 69 in die fünfte Klasse. Damals gingen wir alle zu Fuß in die Schule, egal wie weit es war oder wie das Wetter war. Es gab keine Schulbusse. Meine Grundschule war alt und hatte sehr wenige Annehmlichkeiten. Da war kein Speisesaal und bei schönem Wetter saßen wir alle auf dem Boden im Schulhof um unser Mittag zu essen, das wir von zu Hause mitgebracht hatten. Im Winter saßen wir in einer großen Halle, welche eigentlich eine Turnhalle war, aber es gab keine Ausrüstung. Trotzdem war ich froh dort zu sein, schlug mich gut und gedieh in eineinhalb Jahren, die ich dort verbrachte.

Zur gleichen Zeit, als wir uns in unserem neuen Schulumfeld einlebten, erhielten wir die furchtbare Nachricht, dass mein Vater tot war. Es war Onkel Hans, der es uns sagte. Wir wussten, dass die Bedingungen im Warschauer Ghetto entsetzlich schlecht waren. Onkel Hans erzählte uns, dass Irmas Mutter, die auch in das Warschauer Ghetto deportiert wurde, schrieb, dass mein Vater gestorben war. Mehr nicht. Wir hatten gehört, dass es eine Typhusepidemie im Warschauer Ghetto gab und Typhus hätte die Ursache des Todes gewesen sein können, ebenso aber hätte es auch Hungertod sein können oder dass er von den Nazis, die das Ghetto kontrollierten, erschossen wurde.[6] Es gab keine weiteren Informationen. Meine Mutter nahm sofort Kontakt mit dem Roten Kreuz auf, um die Umstände seines Todes zu bestimmen, ohne Erfolg.

Mein Vater verschwand, ohne eine Spur von seiner Existenz, ohne Aufzeichnung, mit Ausnahme des Briefes von Irmas Mutter. Es war eine traumatische Zeit für uns drei, aber meine Mutter war am meisten zerstört. Natürlich wusste sie, dass, einmal im Warschauer Ghetto angekommen, die Chance, dass mein Vater von dort gehen konnte praktisch nicht existent war. Aber zu sterben oder getötet zu werden war ein Ereignis, von dem alle von uns gehofft hatten, dass es nicht eintreten würde. Obwohl meine Mutter es nie direkt gesagt hat, hatte sie starke Schuldgefühle, weil sie während seiner schrecklichen Tortur nicht bei ihm war. Aber sie wusste auch, dass es keine andere Wahl gegeben hatte, als die Entscheidung, die sie und ihr Mann getroffen haben. Danzig zu verlassen und Eric und mich mitzunehmen, als die Möglichkeit noch bestand. Schließlich, mit der Zeit, ließ das Schuldgefühl etwas nach, aber es war immer da und lauerte im Unterbewusstsein ihres Geistes. Immer mal wieder im Laufe ihres Lebens, würde meine Mutter sich auf etwas, das passierte und meinen Vater einschloss, beziehen. Dann würde sie seufzen und mit dem Gedanken beenden, dass das Leben anders gewesen wäre, wenn er bei uns gewesen wäre. Es waren wohl nicht nur die quälenden Schmerzen, die an die Oberfläche traten, wenn Erinnerungen ihren Geist überkamen, sondern auch die Tatsache, dass sie schon seit Jahrzehnten allein war, ohne einen Partner, der ihr Vertrauen schenken konnte und der da war um sie zu trösten. Mein Bruder und ich versuchten in vielerlei Hinsicht zu helfen, aber wir waren kein Ersatz für einen Ehemann, einen besten Freund, Partner und einen Vertrauten.

Es war nicht lange nach der Nachricht von dem Tod meines Vaters im Jahre 1941, als wir einen Block entfernt von Steinway Street, noch heute eine geschäftige Einkaufsstraße, in die 38th Street umzogen. Meine Mutter hatte ihre Arbeit gewechselt, zu einer, für die ein wenig mehr bezahlt wurde. Sie spürte, dass wir unsere Lebensbedingungen verbessern mussten.

Die neue Wohnung war noch immer sehr einfach, aber eine Verbesserung gegenüber der Steinway Street Unterkunft. In der alten Wohnung waren wir auf der vierten Etage, hatten ein Schlafzimmer, eine alte Einbauküche und ein ähnlich altes Bad. Die neue Wohnung lag ebenfalls im vierten Stock, aber hatte ein größeres Zimmer, eine neueres Bad und obwohl das Wohnzimmer ebenfalls eine Einbauküche hatte, war es doch neuer und viel größer. Die Wohnung hatte Fenster, in Richtung Manhattan und wir konnten die Midtown Skyline sehr deutlich sehen, weil wir hoch genug waren, um über die Dächer der meisten Astoria Gebäude zu schauen. Die Straße war leiser, weil es eine Wohngegend war, und Eric und ich hatten schnell gelernt, wie man Stickball, das Spiel der Wahl für die Jungs in der Nachbarschaft, spielt. Je mehr wir unsere Umgebung kennenlernten, desto mehr fanden wir, dass 38th Street eine Mischung von Nationalitäten und Religionen war. Es waren Iren, Russen, Deutsche und Italiener, Katholiken, Protestanten und Juden, alle leben gut zusammen. Unten auf der Straße, an der Ecke 38th Street und Astoria Boulevard, gab es einen Süßigkeitenladen, der von einer jüdischen Familie betrieben wurde. Hier haben sich alle Jungen nach einer Partie Stickball in der Straße versammelt, um eine Limonade aus der Fontäne für 5 Cent zu trinken. Manchmal sind wir hinunter in Richtung des East River nach Astoria Park gegangen, um Baseball oder Softball zu spielen oder unter die Tri-Boro-Brücke, um Basketball zu spielen.

Ein paar Monate nach unserem Umzug fand der japanische Angriff auf Pearl Harbor statt. Wir waren in Brooklyn, an diesem Sonntag, um eine entfernte Cousine zu besuchen, deren Mann der Superintendent in einem großen Mehrfamilienhaus war, als das Radioprogramm, das wir hörten, von einer Sondermeldung, dass die Japaner Pearl Harbor angegriffen und großen Schaden angerichtet hatten, unterbrochen wurde. Es war wie betäubtes Schweigen. Wir wussten sofort, dass der Krieg für die Vereinigten Staaten begonnen hatte und dass wir bald in Asien und Europa kämpfen würden. Die Zeichen für Krieg waren schon seit einiger Zeit sichtbar. Es war nur die Frage wann und wie es begann. Jetzt wussten wir es. Nach einer kurzen Diskussion mit unserer Cousine und ihrem Mann, verabschiedeten wir uns und eilten nach Hause, in unsere kleine Wohnung in Astoria.

In der Schule

Ich absolvierte die Junior High School 121, kurz nachdem wir in die 38th Street umgezogen sind. Eric hatte dort bereits absolviert und er ging nun an die William Cullen Bryant High School. Die Junior High dauerte in dieser Zeit 2 Jahre und es gab die Möglichkeit in sogenannte Klassen mit raschem Fortschritt eingeteilt zu werden. Das war für die Schüler, die in den verschiedenen Tests ausgezeichnet abschnitten, darunter Intelligenz-Tests. Und die Klassen hatten einen etwas erweiterten Lehrplan. Meine Testergebnisse schienen ausreichend hoch gewesen zu sein und ich wurde in eine Rasche-Fortschritt-Klasse platziert, ich habe aber nicht empfunden, dass die Arbeit in dieser Klasse besonders anspruchsvoll war. Meine Erinnerung an meine Zeit an der 121 war, dass ich etwas jenseits des Unterrichts suchte, war aber nicht sicher, was das sein sollte.

Wir wurden in der Schule schikaniert. Eines Morgens, als ich auf den Schulhof kam, machte sich ein älterer, eher muskulös aussehender Junge, den ich kannte, da er in meiner Straße lebte und offenbar mehr als einmal zurückgelassen wurde, über einen jüngeren Jungen, der ein Bein in Gips hatte, lustig, da er nur mit Mühe gehen konnte. Ich fühlte, dass das falsch war und sagte dem Schläger damit aufzuhören jemanden zu ärgern, der sich nicht wehren konnte. Das sah der Tyrann nicht so und forderte mich auf einen Kampf außerhalb des Schulhofs zur Mittagszeit heraus. Ich stimmte sofort zu, obwohl ich wusste, dass der Bully älter war und es wahrscheinlich war, dass er mich schlagen würde. Am Mittag wartete er auf der Straße auf mich aus dem Schulhof herauszukommen. Er hatte offenbar damit geworben, dass er gegen mich kämpfen wird, denn es gab eine Menge Kinder, die in einem Kreis standen und auf den Kampf warteten. Ich hatte auch ein paar meiner Freunde dabei, die mir sagten, nicht zu kämpfen, weil der Tyrann offensichtlich stärker war. Aber einmal vereinbart, dachte ich, dass ich da nicht so einfach herauskam. Als ich zu dem Kreis der Kinder kam, öffnete dieser sich und ich ging hinein um mit dem Tyrannen kämpfen. Ich hatte recht, er war viel stärker und schlug mich öfter und mit mehr Kraft als ich es konnte. Aber der Kampf dauerte nicht lange. Die schreienden und brüllenden Jungen, die im Kreis standen um den Kampf zu beobachten, erregten die Aufmerksamkeit des Lehrers, dessen Aufgabe es war, den Schulhof zu überwachen. Obwohl wir auf der Straße waren, lief er hin, stoppte den Kampf und sagte uns beiden, dass wir in das Büro des Schulleiters kommen sollten. Ich ging zum Büro des Schulleiters und wurde gewarnt, mich nicht mehr an Kämpfen zu beteiligen und mir wurde gesagt, dass ich zurück in meine Klasse gehen sollte. Ich weiß nicht, was mit dem Schläger passierte, aber mehrere Tage danach sah ich ihn nicht. Obwohl einige der Jungen, die den Kampf beobachteten, mir sagten, dass ich nicht allzu gut ausgesehen hätte, kam der Junge mit dem Bein in Gips um sich zu bedanken und sagte, dass es ihm leid täte, dass ich in Schwierigkeiten mit der Schule gekommen war.

Kurz nach meinem Boxkampf fand der D-Day, die Invasion in der Normandie, statt. Ich wollte unbedingt ein Teil dieser Operation sein, aber mit fünfzehn war ich zu jung, um in das Militär gelangen und konnte mir nur wünschen und hoffen, dass die Nazis eine gründliche Tracht Prügel beziehen würden, nun da das Ende des Krieges nicht allzu weit weg war.

In den Sommerferien war nicht so viel Zeit für Sport und Schwimmen, da es mit meiner Arbeit bei Saks Fifth Avenue weiterging, wo ich eine Stelle als Teilzeitlagerarbeiter in der Damenschuh-Abteilung hatte, da es mir rechtlich erlaubt war mit Arbeitspapieren zu arbeiten, nachdem ich vierzehn Jahre alt wurde. Bis dahin lieferte ich Hühner mit dem Fahrrad vom Hühnermarkt nicht weit von wo wir wohnten in Astoria. Das war keine legale Arbeit, weil ich zu jung war, um eingesetzt zu werden. Aber ich war für mein Alter groß und der Besitzer des Marktes wollte offensichtlich billige Lieferjungen und ich fiel in diese Kategorie. Der Grund warum ich den Job bei Saks bekam war, dass meine Mutter in der Männerabteilung des Ladens arbeitete und sie arrangierte das. Der Job war schlecht bezahlt, aber es war ein Taschengeld, das meine Mutter nicht aufbringen musste.

Eric arbeitete auch bei Saks, obwohl ich mich nicht erinnere, in welcher Abteilung er war. Er arbeitete bei Saks, bis er im Juni 1945 an der High School absolvierte. Der Krieg mit Japan dauerte noch an und Eric beschloss, um nicht eingezogen zu werden, in die Navy zu gehen. Er absolvierte Schulungen für Torpedoboote in Massachusetts und wurde dann nach Piney Point, Maryland, entsandt, um die Torpedoausbildung weiterzumachen und später einem Flugzeugträger, der im Bau war, zugeordnet zu werden. Da der Krieg mit Japan im August 1945 endete, wurden die Flugzeugträger nie vollendet und Eric wurde bald entlassen.

Im Jahr 1946 begann er am Uptown Hunter College Campus unter dem GI Bill. Hunter war ursprünglich ein Frauencollege, das in zweigeschlechtliche Ausbildung umgewandelt wurde, nachdem es einen großen Ansturm von Veteranen des 2. Weltkriegs auf das College gab. Er studierte Buchhaltung und als er sein Studium mit Bachelor of Arts abschloss, begann er als Buchhalter. Allerdings setzte er sein Studium an der Rechtsschule Brooklyn in der Nacht fort. Während dieser Zeit bestand er auch die Prüfung zum staatlich anerkannten Wirtschaftsprüfer. Nach Abschluss seines Studiums an der Rechtsschule Brooklyn, bestand er den Einstiegstest und begann als Anwalt zu arbeiten.

Es war während Erics Zeit bei Saks, als er Carrie Matera kennenlernte. Nach einer Zeit des Werbens während des Studiums und zu Beginn seiner Karriere heirateten Carrie und Eric schließlich. Sie hatten drei Kinder, Peter, Daniel und Jane. Lange Zeit später ließen sie sich scheiden. Eric hatte eine florierende Anwaltskanzlei, als er im frühen Alter von 68 Jahren starb.

Die späteren Jahre

Nach High School und College begann ich mein Studium in deutscher Geschichte für den Master-Abschluss an der Universität von Wisconsin in Madison. Der Hauptgrund, warum ich die deutsche Geschichte wählte, war, weil ich besser verstehen wollte, was während meines jungen Lebens passierte und warum. Ich habe die Fakten während meines Studiums erlangt, aber das persönliche Verständnis kam erst später.

Es war die Zeit des Korea-Krieges, später "Polizeiaktion" genannt. Nach Abschluss meines Masters, wurde ich in die Armee eingezogen. Wegen meines fließenden Deutsch wurde ich nach Deutschland geschickt. Die Besatzung war zu dieser Zeit noch in Kraft, so dass ich nach Deutschland als amerikanischer Besatzungssoldat kam. Also kam ich als ganz anderer Mensch, als ich Deutschland im Jahr 1939 verließ. In dem Moment als das Militärschiff in Bremerhaven andockte, fühlte ich mich aus einer bedrückenden Vergangenheit befreit. Ich fühlte eine neue Freiheit. Es veränderte meine Wahrnehmung Deutschlands. Es war nicht, dass ich verzeihen konnte, was passiert ist, ganz im Gegenteil, die Befreiung die ich empfand, brachte Erinnerungen zurück, die lange ruhten. Aber von diesem Moment an war ich in der Lage, auf Deutschland und die Deutschen aus der Sicht eines Siegers zu schauen, wie ein US-Amerikaner, der zurückkehrt in ein Land, das mich vertrieben hatte. Ich war gleich. Und mehr. Ich war nicht mehr das Opfer der deutschen Nazis. Die Nazis, die die Juden aus Deutschland geworfen hatten, einschließlich meiner Mutter, meines Bruders und mich und die meinen Vater, meine Großeltern väterlicherseits und viele andere in meiner Familie getötet hatten, sowie all jene Millionen von anderen, die Unschuldige waren, nur weil sie Juden waren. Das erlaubte mir, Deutsche in einem neuen Licht zu sehen, eines, das nicht mehr rachsüchtig war, aber auch nicht gutartig.

Nach 2 Jahren in der Armee, zugewiesen nach Berlin, wurde ich entlassen und begann am Russischen Institut der Columbia Universität in New York russische Geschichte zu studieren. Für zwei Jahre. Während meines Studiums an der Columbia, begann ich damit, Unterricht in europäischer Geschichte zu geben, mit Spezialisierung auf russische Geschichte, am Queens College in New York, das meine Alma mater war. Zu meiner Überraschung war, auf dem Höhepunkt des Kalten Krieges, als die Sowjets Berlin abschnitten und die Vereinigten Staaten dazu zwangen die Berliner Luftbrücke zu organisieren, die russische Geschichte nicht im Lehrplan des Queens College, bevor ich ankam. Als ich Queens verließ, war es ein etablierter Kurs und blieb auf dem Lehrplan.

Ich unterrichtete fünf Jahre am Queens und trat dann im Jahr 1960 in den Auswärtigen Dienst der USIA (United States Information Agency) ein. Im Jahr zuvor heiratete ich Mary Lou Gories. Nach drei Jahrzehnten der Ehe aber trennten wir uns und ließen uns im Jahr 1989 scheiden.

USIS, wie es im Ausland bekannt war, führte all die kulturelle und informative Arbeit in unseren Botschaften auf der ganzen Welt. Während meines zweiten Auslandseinsatz in Guyaquil, Ecuador, adoptierten Mary Lou und ich Lucy, unser einziges Kind. Ich blieb im Auswärtigen Dienst bis zu meiner Pensionierung im Jahr 1992.

Im Jahr 1990 traf ich Joyce Hearst und wir blieben seitdem zusammen als Partner, Begleiter und beste Freunde. Nichts hat mir mehr Freude und Glück bereitet, als das Glück mit ihr zusammen zu sein.

Meine Mutter arbeitete weiterhin bei Saks Fifth Avenue in der Herren-Änderungsabteilung bis zu ihrer Pensionierung in ihren frühen 70er Jahren. Sie lebte allein, aber in der Nähe ihrer Cousine Irma. Sie halfen sich gegenseitig und waren gute Begleiterinnen während ihrer späteren Jahre. Meine Mutter genoss es zu reisen, bevor und nachdem sie im Ruhestand war und kam mich in jedem meiner Überseeposten besuchen. Sie starb im Alter von 91 Jahren.

Nach meiner Pensionierung ging ich zurück in die Wissenschaft und hielt Vorlesungen über Außenpolitik an der New York University und war für zwei Jahre wissenschaftlicher Mitarbeiter am Osteuropäischen Institut an der Columbia University. Zur gleichen Zeit war ich aktiv in eine ökumenische Stiftung eingebunden, die in allen Teilen der Welt arbeitet, um religiöse und Menschenrechte zu verbreiten und zu stärken.

Letzte Gedanken

Vielleicht wegen meiner frühen Erfahrungen, die so lebendig in meinem Kopf bleiben, als wenn sie erst gestern passiert wären, war ich ein Fürsprecher und manchmal nur ein stiller Meister der Unterdrückten. Ich habe polnischen Juden geholfen, in die Vereinigten Staaten einzuwandern, als sie Ende der 1960er Jahre davor waren, wegen dem extremen Antisemitismus alles zu verlieren. Es gelang mir, einen amerikanisch-jugoslawischen Moslem aus einem montenegrinischen Gefängnis zu befreien, als er ohne Grund verhaftet wurde und ich habe mich mit Deutschland und den Deutschen versöhnt. Diese Versöhnung hat mir viel geholfen mein Verständnis von dem Wunder der Vergebung zu erweitern.

Keines der oben genannten Dinge wäre ohne die drei dominierenden Faktoren, die mein Leben geformt haben, möglich gewesen: Meines Vaters großer Mut, meine Mutter, meinen Bruder und mich in Sicherheit zu bringen; der Mut meiner Mutter, der ihr erlaubte das zu tun, ihre Opfer uns während unserer Schulzeit zu unterstützen, sowie ihr angeborenes Wissen, dass wir eine eine Hochschulbildung haben mussten und die Tatsache, dass alles nur möglich war, weil Amerika, ob seiner Fehler, ein Land ist, das letztlich die Vielfalt fördert und diejenigen belohnt, die danach streben sich selbst und die um sie herum zu verbessern.

Meine persönliche Geschichte ist ein gewaltiger Schmerz und Hoffnungslosigkeit während meiner frühen Jahre. Aber wie ich aufwuchs in meiner Jugend, bis ins Erwachsenenalter, erkannte ich die Möglichkeiten, die mir zur Verfügung waren. Mein Vater und meine Mutter bereiteten mich auf die Chancen vor, die mich erwarteten. Amerika gab sie mir. Ich bin für immer dankbar.

Anmerkungen

1 Dies war der Vorläufer der Schiffswerft im späteren polnischen Gdansk, der Geburtsstätte der Gewerkschaftsbewegung Solidarnosc, die eine entscheidende Rolle bei der Absetzung der kommunistischen Regierung in Polen spielte.

2 Nach dem 1.Weltkrieg wurden amerikanische Visa streng eingeschränkt anhand einer Quotenregelung basierend auf der Prozentzahl der Amerikaner, die aus einem bestimmten Land ausgewandert sind. Folglich musste man auf der polnischen Visaquotenregelung für amerikanische Visa sehr lange warten, da es zu dieser Zeit nur eine relativ kleine Anzahl von polnischen Amerikanern in den Vereinigten Staaten gab und die Nachfrage nach Visa riesig war. Das bedeutete, dass die Anzahl an Visa, die an Polen in einem Jahr vergeben wurde zu klein war um die starke Nachfrage zu decken.

3 Viele Jahre später, als ich in der Amerikanischen Botschaft in Bonn stationiert war, vor der Wiedervereinigung von Deutschland, traf ich einen Kadetten der Crew der „Schleswig-Holstein" von 1939 der mir erzählt hat, dass sie den Befehl bekamen die Waffen zu laden bevor sie in den Danziger Hafen einliefen, was regelmäßig als Übung gemacht worden war. Und sie waren überrascht, dass der Befehl zum Entladen der Waffen niemals gegeben wurde.

4 Ich erinnere mich, dass ich kurz nachdem wir in die Vereinigten Staaten gekommen waren, eine Reihe von Fotos gesehen habe, die in Danzig gemacht

wurden und die, ich meine im „Life Magazine" er-
schienen waren. Eines dieser Fotos zeigte den polnischen Major der der Kommandeur der Polnischen
Garnison Westerplatte war und seinen deutschen
Besatzer/Eroberer. Die Bildunterschrift sagte aus,
dass der deutsche Kommandeur dem Major s aufgrund seines unglaublichen Einsatzes bei der Ver-
teidigung von Westerplatte sein Schwert zurückge-
geben hat.

5   Der Polnische Korridor war ein Landstreifen zwi-
    schen Danzig und Deutschland , den der Versailler
    Vertrag 1919 dem ehemaligen Polen zugesprochen
    hatte, damit sie Zugang zur Ostsee haben konnten
    und den Hafen von Gdynia bauen konnten.

6   Während meiner Stationierung in der amerikani-
    schen Botschaft in Warschau Ende der 1960er
    Jahre, versuchte ich das Grab meines Vater auf dem
    jüdischen Friedhof zu finden, wo viele Menschen,
    die im Ghetto starben oder getötet wurden, begraben
    sind, war aber erfolglos.

Inhalt